DER
FÜNF MINUTEN
DRUIDE

VERBINDUNG LEICHTGEMACHT

DER 5 MINUTEN DRUIDE

VERBINDUNG LEICHTGEMACHT

SARAH-BETH WATKINS

MOON BOOKS

Winchester, UK
Washington, USA

Deutsche Fassung von EDITION SEVEN RITES

JOHN HUNT PUBLISHING

Erstmals erschienen bei Moon Books, 2024
Moon Books ist ein Imprint von John Hunt Publishing Ltd, No. 3 East Street, Alresford
Hampshire SO24 9EE, UK
office@jhpbooks.net
www.johnhuntpublishing.com
www.moon-books.net

Bibliografische Information der Deutschen Nationalbibliothek:
Die Deutsche Nationalbibliothek verzeichnet diese Publikation in der Deutschen
Nationalbibliografie; detaillierte bibliografische Daten sind im Internet über
http://dnb.dnb.de abrufbar.

Übersetzung und Lektorat: Bernd Wollsperger

Herstellung und Verlag: BoD – Books on Demand, Norderstedt

ISBN: 978-3-758323-614

Inhalt

Einführung 8

Einfach wahrnehmen.. 13

Tägliche Praxis 20

Ehren von Ahnen und Gottheiten 31

Das Rad des Jahres 39

Die Elemente 45

Sonne, Mond und Sterne.. 50

Verbindung zu Bäumen 54

Weissagung.. 66

Lesen und Zuhören 77

Schreiben und Zeichnen 82

Soziale Medien und Apps 89

Kreative Projekte in 5 Minuten 97

Epilog 103

Weitere Lektüre... 104

Internet-Ressourcen 107

Einführung

Bah, höre ich Sie sagen! Die Druiden sind schon vor langer Zeit ausgestorben! Aber Sie haben dieses Buch in die Hand genommen, und irgendwo in Ihrem Inneren, irgendwo tief drin, interessieren Sie sich für das Druidentum. Sie möchten mehr wissen und Sie wären gerne einer, aber Sie sind sich nicht sicher, wie Sie es anstellen sollen und ob das Druidentum heute wirklich noch aktuell ist. Oder vielleicht haben Sie es schon einmal ausprobiert, einen Kurs begonnen, ein paar Bücher gelesen und dann nicht weitergemacht. Oder Sie kehren auf Ihren Weg zurück und brauchen einfach ein paar Tipps, die Sie weiterbringen.

Ja, die alten Druiden sind ausgestorben. Diejenigen, die angeblich weiße Gewänder und Sicheln und Misteln in ihren Gürteln trugen, diejenigen, die auf Anglesey ihren letzten Widerstand gegen die römischen Invasoren leisteten, und diejenigen, die die druidischen Praktiken im neunzehnten Jahrhundert wiederbelebten - natürlich starben sie aus, aber sie hinterließen ein Vermächtnis - Wege, die Welt zu betrachten, Wege, mit der Natur zu kommunizieren, alte Geschichten, Mythen und Legenden, und die modernen Druiden von heute nehmen all das auf und schaffen ihre eigene Praxis mit dem Wissen, das diese Druiden hinterlassen haben, und mit der Weisheit von heute. Einige gehören zu Gruppen oder Hainen, andere sind Einzelgänger oder Hecken-Druiden. Aber jeder und jede ehrt die Natur.

Was genau ist also Druidentum?
Das Druidentum ist eine spirituelle Praxis, die auf der Liebe zur Natur und allem, was sie umfasst, beruht - der Erde, dem Meer, dem Himmel, den Bäumen, den Pflanzen, den Tieren - und uns. Das Wir,

das sich von den alten Wegen abgekoppelt hat, das Wir, dessen Vorfahren das Land mit Feiern ehrten, das Wir, das jetzt mit einer ökologischen Katastrophe konfrontiert ist und das Druidentum ist nie wichtiger als heute, angesichts dessen, was wir in der modernen Zeit unserer Erde angetan haben.

Im Druidentum geht es darum, hinauszugehen (wenn man dazu in der Lage ist) und sich auf einer tieferen Ebene mit der Umgebung, der Umwelt, dem Rad des Jahres, den Elementen zu verbinden - die Elemente, das Land, die Verbindung zu Bäumen, Pflanzen und Tieren und vieles mehr zu ehren - tatsächlich ist es eine ziemliche Mixtur und jeder Druide entwickelt seine eigene Version seiner Ausübung und seines eigenen Weges. Einige Praktiken fallen leicht, andere nicht so sehr, aber mit der Zeit findet jeder den besten Weg für sich selbst, um die Elemente des Druidentums in seinem Leben zu ehren.

Das Druidentum ist keine dogmatische Religion. Hier gibt es keine Regeln. Es gibt keine Bibel, keine festgelegte Art und Weise, Gottheiten zu ehren - man muss sie überhaupt nicht ehren, geschweige denn anbeten - und keine Gebete, es sei denn, man möchte sie sprechen - stattdessen ist es eine Sammlung von Ideen und Praktiken, in die man eintauchen und aus den man jederzeit aussteigen kann, um seinen eigenen Weg zu finden. Nichts ist in Stein gemeißelt und es gibt nicht den einen richtigen Weg, ein Druide zu sein. Es gibt Organisationen, denen man beitreten kann, die einem mehr Struktur geben können, soweit man das möchte, aber man kann auch ein Hecken-Druide sein, der sich alles selbst erarbeitet, während er vorankommt.

Aber was ist, wenn wir damit nicht klarkommen? Was ist, wenn wir Schwierigkeiten haben, das Druidentum in unser tägliches Leben zu integrieren, aber wirklich mehr tun und mehr herausfinden wollen? Vielleicht sind Sie in der Arbeit voll ausgelastet und haben keine freie Minute, haben ein neugeborenes Baby im Haus und viele schlaflose Nächte, oder Sie sind aus irgendwelchen Gründen ans Haus gefesselt oder erholen sich von einer Krankheit. Was auch immer die Gründe sein mögen, das Leben stellt uns manchmal vor Herausforderungen, die uns daran hindern, das Druidentum so oft zu praktizieren, wie wir es gerne tun würden. Wir können nicht raus, wir haben nicht viel Zeit, wir fühlen uns abgekoppelt und es ist so schwierig, unsere Naturspiritualität inmitten des Alltags zu berücksichtigen. Oder es passiert etwas, das uns zum Stillstand bringt.

Ich bin relativ neu in dem, was ich meine organisierte druidische Praxis nennen würde, aber während meines ganzen Lebens bin ich dem Pfad immer auf unterschiedlichen Wegen gefolgt. Ich bin eine Naturliebhaberin, Tierfreundin, Baumumarmerin – nennen Sie mich wie Sie wollen - aber ich habe mich nie als Druide bezeichnet. Ich habe mich an der Weissagung versucht, die Sonne am Morgen begrüßt und meine Vorfahren geehrt, aber das alles geschah ganz natürlich und ohne jeglichen Fokus. Dann fuhr ich im Urlaub an einen magischen Ort, ein historisches altes Haus mit einer prähistorischen Hügelfestung im Garten, die zu einem ummauerten Zufluchtsort umgebaut worden war, und ich saß dort mit meinem Hund im Gras und in der Sonne, um für ein Buch zu recherchieren, das ich gerade schrieb. Unter den Büchern, die ich mitgenommen hatte, befand sich auch leichte Lektüre (!) *The Book of English Magic* von Philip Carr-Gomm und Richard Heygate, ein Überblick über die Geschichte magischer Überlieferungen und Praktiken in England, in dem alles von Hexen und Alchemisten bis hin zu Freimaurern und Adepten des Rosenkreuzes vorkommt. Und als ich das Kapitel über die Druiden las - nun ja - da sprach es mich einfach an. Was auch immer für Vorstellungen von nebelverhangenen Männern in weißen Gewändern ich hatte, die zwischen den Bäumen tanzten, verschwanden. Druiden gab es wirklich, und ich war einer von ihnen!

Danach habe ich wahrscheinlich jedes Buch über das Druidentum auf Amazon bestellt, alles wie ein Schwamm aufgesogen und in diesem Jahr beschlossen, mich tatsächlich auf meinen Weg zu konzentrieren. Aber dann hatte ich einen Unfall, der mich für zwei Monate außer Gefecht setzte. In den ersten paar Wochen bewegte ich mich zwischen Bett und Badezimmer und das war's! Ich wurde zu einem Zeitpunkt gestoppt, als ich meine spirituellen Überzeugungen am meisten brauchte.

Während ich so in meinem Elend da lag - ja, mich regelrecht darin suhlte und bedauerte, dass ich nicht hinauskonnte, begann ich mich zu fragen, was ich stattdessen tun könnte. Ich wusste, sobald ich anfangen würde, etwas zu tun - und sei es noch so wenig - würde ich mich besser fühlen, meine Heilung unterstützen und mich davon abhalten, nur an mich selbst und meine missliche Lage zu denken. Also begann ich mit kleinen, mundgerechten Maßnahmen, um meine Praxis fortzusetzen und fand kleine Wege, um wieder eine Verbindung herstellen zu können.

Dieses Buch ist vollgepackt mit Tipps und Vorschlägen für kleine Fünf-Minuten-Methoden, um das Druidentum in Ihr Leben zu bringen. Wir sehen uns gemeinsam unter anderem die Schlüsselelemente der Naturspiritualität an, darunter das Wahrnehmen und Beobachten, die tägliche Praxis, die Verehrung der Ahnen und Gottheiten, das Rad des Jahres, die Elemente und die Verbindung zu den Bäumen und auch Wege, wie Sie Inspiration und Bedeutung durch Lesen und Zuhören, Schreiben und Zeichnen, soziale Medien und Apps durch schnelle und einfache, fünfminütige kreative Projekte finden können.

Einige der Ideen können durchaus auch länger dauern, sofern Sie dazu in der Lage sein sollten, während andere so kurz sein können, wie Sie es wünschen, aber alle können Ihnen helfen, das Druidentum in Ihr Leben zu integrieren - selbst für den kürzesten Moment. Dies ist ein Leitfaden, um sich auf einfache, praktische

Weise mit der Natur zu verbinden, sich an den kleinsten Dingen zu erfreuen und Ihren Weg wiederzufinden.

Kapitel 1

Einfach wahrnehmen

Eine der besten Möglichkeiten, mit der Natur in Kontakt zu kommen, ist natürlich, nach draußen zu gehen. Aber nicht jeder hat die Zeit, einen langen Spaziergang in der Natur zu machen, durch einen Wald zu streifen oder an einem Strand im Sand zu wühlen. Nicht jeder ist in der Lage, einfach so spazieren zu gehen. Deshalb konzentriert sich dieses Kapitel auf das Spazierengehen und vor allem auf das Wahrnehmen.

Für diejenigen unter uns, die spazieren gehen können - großartig - können die folgenden Tipps hilfreich sein, aber wenn Sie Zeit für einen gemütlichen Spaziergang haben, dann haben Sie wahrscheinlich auch keine Probleme damit, sich wieder zu verbinden. Wenn Sie jedoch von einem Ort zum anderen hetzen - zur Arbeit, zur Schule, zum Einkaufen, wohin auch immer, in einer ständigen, nicht enden wollenden Schleife - dann geht es hier darum, fünf Minuten einfach einmal innezuhalten. Nur fünf Minuten in all dem Chaos. Das kann sein, während Sie auf den Bus warten, in einer Schlange stehen, um die Kinder abzuholen oder auf dem Weg zur Arbeit. Viele von uns halten während ihrer täglichen Routine nicht einmal kurz inne, um die Außenwelt wahrzunehmen und zu beobachten. Wir sind so sehr damit beschäftigt, von Pontius zu Pilatus zu gehen und in unseren eigenen Gedanken gefangen zu sein, dass wir nicht auf das achten, was um uns herum passiert, geschweige denn, es wirklich wahrzunehmen.

Wenn Sie ans Haus gefesselt sind oder nicht hinausgehen können, geht es darum, ein Fenster zu finden, von dem aus Sie zumindest einige Pflanzen, Bäume, den Himmel und sogar einen Futterplatz oder ein Vogelhäuschen sehen können - einen Blick auf die Natur zu werfen - wie klein er auch sein mag. Vielleicht denken Sie, dass Ihre tägliche Routine langweilig ist oder dass Sie es so satthaben, drinnen zu sein, dass Sie von Ihrem Fenster aus bestimmt nichts Neues sehen werden, aber die Natur wird Sie überraschen, und in dieser Überraschung, in diesem gesteigerten Bewusstsein für die Welt um Sie herum, werden Sie die Verbindung wiederfinden.

Wenn wir uns nur fünf Minuten am Tag oder sogar nur einmal in der Woche Zeit nehmen, können wir beginnen, uns wieder mit dem Land und unserer Umgebung und unserem Weg zu verbinden. Wir können unseren Platz und unseren Raum spüren und uns wieder als Teil der Erde, der Natur und all ihrer Herrlichkeiten wahrnehmen. Ob Sie nun unterwegs sind oder aus dem Fenster schauen, sagen Sie sich bewusst, dass Sie sich Ihre fünf Minuten nehmen und atmen Sie drei lange, langsame Atemzüge lang tief ein. Ein und aus, ein und aus, ein und aus. Wenn Sie können, schließen Sie die Augen, während Sie sich auf Ihre Atmung konzentrieren und sich zentrieren.

Öffnen Sie die Augen wieder und nehmen Sie Ihre Umgebung wahr – nehmen Sie sie wirklich wahr, egal wie groß oder klein sie ist.

Suchen Sie sich eine Sache aus, die Sie in den fünf Minuten der Beobachtung an diesem Tag wahrnehmen und auf die Sie sich konzentrieren wollen, z. B:

- In welche Richtung blicken Sie? Orientieren Sie sich, indem Sie feststellen, ob Sie nach Norden, Süden, Osten oder Westen blicken. Welches Element ist mit dieser Richtung verbunden? Denken Sie darüber nach, was dieses Element für SIE bedeutet.
- Welche Jahreszeit ist es? Das Rad des Jahres berücksichtigt die Sonnenwenden und die Tagundnachtgleichen.

Achten Sie darauf, welche Zeichen es für diese Jahreszeit gibt. Gibt es Anzeichen für die kommende Jahreszeit?

- Welche Bäume können Sie sehen? Können Sie sie alle identifizieren? Was glauben Sie, wie alt sie sind?
- Welche Pflanzen oder Blumen wachsen in Ihrer Umgebung?
- Achten Sie auch auf das kleinste Unkraut. Selbst an den am stärksten bebauten Orten hat die Natur einen Weg gefunden, um zu überleben.
- Gibt es wilde Tiere? Gibt es Vögel? Wissen Sie, um welche es sich handelt? Wissen Sie etwas über sie - was sie essen, wo sie schlafen, welche Spuren sie hinterlassen?
- Was können Sie hören? Sind das alles nur Hintergrundgeräusche oder wenn Sie diese ausblenden können, können Sie Vögel singen hören, den Wind in den Bäumen oder ein entferntes Plätschern von Wasser wahrnehmen?
- Was können Sie berühren? Wenn Sie drinnen festsitzen, stellen Sie sich vor, was Sie anfassen könnten, wenn Sie vor Ihrem Fenster stünden.
- Was macht das Wetter? Beziehen Sie es auf das Rad des Jahres - ist es normal für diese Jahreszeit?
- Wie sieht der Himmel aus? Gibt es klare Anzeichen für einen sonnigen oder stürmischen Tag? Können Sie etwas in den Wolken erkennen?
- Wissen Sie, zu welcher Zeit die Sonne gerade unter- und aufgeht?

Wählen Sie eine Sache aus, auf die Sie sich konzentrieren wollen, und wenn Sie das nächste Mal fünf Minuten Zeit haben, wählen

Sie eine andere. Das mag nicht praktisch sein, aber Sie könnten sich die fünf Minuten so einteilen, dass Sie bewusst etwas sehen, das wir sonst jeden Tag als selbstverständlich erachten. Machen Sie sich ein Bild davon, was in Ihrer unmittelbaren Umgebung passiert. Wenn Sie können, probieren Sie das zu verschiedenen Tageszeiten aus und stellen Sie fest, welche Unterschiede es gibt. Selbst wenn Sie denselben Weg gehen oder aus demselben Fenster schauen, dreht sich das Rad des Jahres weiter und es gibt immer frische, neue Dinge zu entdecken.

Durch eines meiner Fenster kann ich zum Beispiel einen Futterplatz sehen. Sobald das Futter ausgelegt ist, kommen zuerst Krähen, Ringeltauben und Elstern, aber dann kommen die kleineren Vögel. Nach dem anfänglichen Futterrausch kommen im Laufe des Tages verschiedene Besucher. Die Rotkehlchen landen nicht gerne auf dem Tisch, sondern fressen lieber darunter und die Amseln ignorieren ihn ganz und suchen lieber nach Würmern, besonders nach Regen. Allein durch den Fokus, selbst durch ein Fenster, kann man so viel mehr über seine Umgebung erfahren.

Eine andere Technik besteht darin, sich einen Sitzplatz zu suchen - einen Ort, an den Sie sich so oft wie möglich begeben, um dort zu sitzen und die Welt um Sie herum zu beobachten. Wenn Sie immer wieder an denselben Ort gehen, zu verschiedenen Jahreszeiten, zu verschiedenen Zeiten, werden Sie anfangen, die Veränderungen um sich herum zu bemerken. Ich habe einen flachen Stein, der versteckt in einem Grasstreifen an einer Flussmündung liegt. Er ist schon seit Jahren dort und bietet mir einen Sitzplatz, egal ob es sonnig ist oder regnet. Und soweit ich weiß, bin ich die Einzige, die ihn nutzt - obwohl andere herzlich willkommen sind! Von dort kann ich über die Felder blicken und die Farben des Bodens wahrnehmen, die sich je nach Jahreszeit verändern. Ich kann sehen, wie auf den Feldern Heu gemäht wird oder wie die Kühe auf die Weide gebracht werden. Ich kann Ebbe und Flut beobachten, die Vögel, die im Schlamm herum picken, die Fische, die aus dem seichten Wasser springen, und vieles mehr. Aber ich weiß auch, dass ich großes Glück habe, einen solchen Ort in meiner Nähe zu haben, an den ich jeden Tag gehen kann. Gibt es einen Ort, an den Sie gehen können - selbst in einer städtischen Umgebung -, wo Sie die Welt um sich herum wahrnehmen und beobachten können? Derselbe Ort, an dem Sie zu Mittag essen, oder derselbe Ort, an dem Sie warten, bis die Kinder aus der Schule kommen? Können Sie sich einen Stuhl an ein Fenster stellen und sich so Ihren eigenen Sitzplatz im Haus schaffen? Ein Sitzplatz wird Ihnen helfen, die Veränderungen um Sie herum wahrzunehmen, aber auch einen Ort zu finden, an dem Sie zur Ruhe kommen, Ihren Geist beruhigen und sich einfach wieder verbunden fühlen können.

Was man am Tag wahrnehmen kann, unterscheidet sich jedoch meist grundlegend von dem, was einen nachts umgibt. Für nicht wenige unter uns ist die Nacht eine unheimliche Zeit, und es gibt keinen besseren Ort als ein gemütliches und sicheres Haus. Ich möchte nicht dafür plädieren, dass Sie Ihre Sicherheit gefährden, indem Sie nachts nach draußen gehen, aber wenn Sie können, versuchen Sie, die Unterschiede zwischen Tag und Nacht zu beobachten. Setzen Sie sich für fünf Minuten in Ihren Garten, öffnen Sie das Fenster oder beobachten Sie von der Hintertür aus.

- Welche Phase des Mondes ist sichtbar?
- Können Sie Sterne sehen? Kennen Sie ihren Namen oder können Sie irgendwelche Sternbilder erkennen?
- Gibt es wilde Tiere - Füchse, Fledermäuse, Igel? Vielleicht möchten Sie einige Arten anlocken, indem Sie etwas Futter auslegen.
- Gibt es noch Vögel, die singen oder rufen?

- Was ist mit den Insekten, die vom Fenster oder anderen Lichtquellen angezogen werden?

Bauen Sie auf Ihren Beobachtungen auf, indem Sie notieren, was Sie zu verschiedenen Zeiten des Jahres wahrnehmen. Alles in einem Notizbuch oder Tagebuch festzuhalten, beansprucht wahrscheinlich mehr als fünf Minuten und wenn man sich wirklich unkonzentriert fühlt, kann es einem lästig vorkommen, alles aufzuschreiben. Ich benutze die Notizbuchfunktion meines Smartphones - das dauert buchstäblich nur eine Minute - um mich an Dinge zu erinnern, die ich später nachschlagen möchte. Oder machen Sie ein Foto von etwas, das Sie gerade nicht identifizieren können, und sehen Sie sich es zu einem späteren Zeitpunkt genauer an (siehe Kapitel Soziale Medien und Apps).

Ich habe das Glück, in der Nähe mehrerer Strände zu wohnen und ich bin mit meinem Hund und seinen Vorgängern immer und immer wieder an denselben Stellen spazieren gegangen - zu oft, um es zählen zu können. Bevor ich mit dieser Übung begann, war ich im Spaziergang-Modus, aber nicht im Wahrnehmungs-Modus. Ich war meist eine Stunde oder länger unterwegs, nur um meinen täglichen Gassi-Gang zu erledigen und möglichst schnell zur Arbeit zurückkehren konnte, aber dann lernte ich, damit aufzuhören.

Ich habe Pflanzenarten gefunden, von denen mir nicht bewusst war, dass sie dort wachsen, ich habe Ecken und Spalten entdeckt, von denen ich zuvor nicht wusste, dass sie überhaupt existierten, und ich habe Tierspuren entdeckt, die ich leicht hätte übersehen können. Ich hatte das Glück, Füchse zu sehen, die an den Ufern der Flussmündung Fische fraßen, Falken, die ihre Kreise am Himmel zogen und Fische, die aus dem Wasser sprangen und deren Schuppen im Wasser glitzerten - ein wahrhaft großartiger Anblick - aber ich hatte auch große Freude daran, Bienenlöcher, wachsende Schlehen, Spinnennetze, die am Morgen mit Tau bedeckt waren, neue Knospen an den Bäumen, Raupen auf ihrem Marsch und Schmetterlinge, die im Sonnenschein tanzten, zu beobachten. Die kleinen Dinge sind wichtig, die Details erwecken die Natur zum Leben.

Und die Wahrnehmung bewirkt, dass sie Sie mit der Natur und mit Ihrem Druidenweg verbindet. Je mehr Sie wahrnehmen, desto mehr verbinden Sie dich. Indem Sie Ihren Geist zur Ruhe bringen und der natürlichen Welt öffnen - und sei es nur für fünf Minuten - nehmen Sie so viel auf wie möglich. Sie erkennen, was alles um Sie herum ist und wie alles zusammenpasst, auch Sie selbst. Die Wunder der Natur sind in den kleinsten Details zu finden - man muss sie nur wahrnehmen.

Kapitel 2
Tägliche Praxis

Es gibt ein Sprichwort, dass, man zehn verschiedene Antworten erhält, wenn man fünf Druiden fragt, was Druidentum bedeutet. Dies wird nirgendwo deutlicher als in dem, was die tägliche Praxis eines Menschen ausmacht. Manche nennen sie Hingabe, aber Hingabe ist ein zu belastetes Wort, und wo manche einen religiösen Aspekt in der Naturspiritualität sehen, sehen andere ihn nicht. Manche mögen den Komfort eines täglichen Gebets oder Rituals, andere nicht - manche streiten sich sogar über die Begriffe "Ritual" und "Gebet".

In diesem Kapitel werden wir also Wege vorschlagen, wie Sie Ihr tägliches Engagement gegenüber dem Druidentum, Ihr Engagement gegenüber der Naturspiritualität und Ihr Engagement sich selbst gegenüber als Teil hiervon erfüllen können. Achtsamkeit und Wahrnehmung, wie wir sie in Kapitel 1 betrachtet haben, sind eine Form der täglichen Übung und wenn das alles sein sollte, was Sie im Moment bewältigen können, dann ist das völlig in Ordnung, aber hier sind noch einige andere Ideen, um Ihren Weg auf einer täglichen Basis in lediglich fünf Minuten zu bekräftigen.

In der Literatur wird häufig empfohlen, den Tag mit einer täglichen Übung zu beginnen. Es dauert nicht viel länger als ein paar Minuten, um sich zum Beispiel auf die vier Himmelsrichtungen auszurichten und um Dank und Segnung in den Norden, Osten, Süden und Westen zu senden.

Aber wenn man wie ich von einem Hund, der an der Tür kratzt, einer miauenden Katze oder einem Kind, das irgendetwas will, geweckt wird, dann sind diese ersten fünf Minuten schnell vorbei. Ich wünsche der Sonne kurz einen guten Morgen und dann bin auch schon am Start. Nach einer Tasse Tee mache ich mich an die Hausarbeit und fahre zur Arbeit. Aber irgendwo dazwischen können Sie sicher fünf Minuten oder weniger ergattern.

- Wenn Sie auch einen so langsamen und klobigen Wasserkocher wie ich haben, finden Sie dann eine Minute, in der Sie für das Wasser, das Sie kochen, danken können?
- Wenn Sie Ihr Toastbrot mit Butter und Marmelade bestreichen, könnten Sie dann für die Früchte danken, die zur Herstellung dieses köstlichen Brotaufstrichs verwendet wurden?
- Wenn Sie die Haustür zuschlagen, können Sie dann ein stilles Gebet des Danks für Ihr Haus und die Menschen darin nach oben schicken und sich mit dem Segen auf den Weg machen, dass alles sicher und gut sein wird, während Sie weg sind?

Manchmal ist es einfacher, die Übung in das einzubauen, was man bereits tut, als sich extra Zeit dafür zu nehmen. Natürlich wäre es ideal, Ruhe und Frieden zu haben, um sich ganz auf Ihren Weg zu konzentrieren, aber das funktioniert nicht unbedingt jeden Tag.

An den Tagen, an denen Sie diese fünf Minuten in Abgeschiedenheit verbringen können, Finden Sie eine Morgenritual, das Sie anspricht und das Sie sich leicht merken können. Das Gebet des OBOD (Order of Bards, Ovates and Druids) zum Beispiel, welches aus *Barddas* von Iolo Morganwg übernommen wurde, lautet:

Gewähre, oh Großer Geist/Göttin/Gott/Heilige, Deinen Schutz;
Und im Schutz Stärke;
Und in der Stärke das Verständnis,

Und im Verständnis das Wissen;
Und im Wissen, die Erkenntnis der Gerechtigkeit;
Und in der Erkenntnis der Gerechtigkeit, die Liebe zu ihr;
Und in dieser Liebe, die Liebe gegenüber allem, was existiert;
Und in dieser Liebe gegenüber allem, was existiert, die Liebe des
Großen Geistes/Göttin/Gottes/Heiligen/der Erde,
unserer Mutter, und aller Güte.

Aber es gibt viele verschiedene Versionen und es gibt mehrere Websites, die Vorschläge machen, wie www.prairiedruid.com und www.druidryus.org. Das Druidengelübde ist auch leicht zu merken und zu rezitieren. Obwohl es normalerweise in Hainen und während Ritualen verwendet wird, kann es auch als Individuum verwendet werden, indem man sich vielleicht vorstellt, dass man sich zusammen mit anderen Gleichgesinnten in seinem heiligen Hain befindet:

Ich schwöre bei Frieden und Liebe
Herz an Herz und Hand in Hand zu stehen;
merke auf! Oh Geist, und höre mich jetzt,
bestätige dies, mein heiliges Gelübde.

Es gibt auch Bücher wie Caitlin Matthews *Celtic Devotional*, AODAs *The Druid's Book of Ceremonies, Prayers and Songs* und *Druid Songs: Poetry of Prayer and Praise for the Druid Kind* von G.R. Grove, die Ihnen einfache und leichte Anregungen für Ihre eigene Übungen geben können, und wenn Sie Schwierigkeiten mit Ritualen und/oder dem Erinnern an sie haben, können Sie auch versuchen, Ihre eigenen zu schreiben.

Überlegen Sie sich, wie Sie den Tag mit einer Affirmation beginnen können, die sich Ihrem druidischen Weg Ehrerbietung erweist. Etwas so Einfaches wie der Satz "Heute werde ich mich bemühen, den Weg der Natur zu gehen" oder "Heute werde ich mich mehr mit den Bäumen verbinden". Sie können Ihre Affirmation so lange ausdehnen, wie Sie möchten. Denken Sie zum Beispiel an Ihre Sinne und an das, was Sie zu spüren hoffen: "Heute möchte ich mich mit der Natur verbinden, den Wind in meinen Haaren, das Wasser auf meinem Gesicht und die Erde unter meinen Schuhen spüren". Und natürlich können Sie das von Tag zu Tag ändern.

Viele Druiden haben einen Altar oder einen geweihten Bereich (der Begriff, den ich bevorzuge!), an dem sie bedeutungsvolle Gegenstände sammeln - Dinge, die ihnen von ihrem Weg erzählen. Meiner besteht aus Pflanzen, geschnitzten Holzstücken, Götterornamenten, Fossilien, Kristallen, Federn und Kerzen - einige Dinge habe ich gekauft, einige habe ich selbst gemacht, aber die meisten habe ich gefunden. Wenn Sie spazieren gehen oder Ihre Wahrnehmungen machen, schauen Sie, ob Sie etwas mit nach Hause nehmen können, um es in Ihrem geweihten Bereich aufzustellen. Das kann so klein sein wie ein Kieselstein, ein Blatt oder eine Blume oder so groß wie ein Stück Treibholz, der Zweig der Stechpalme oder ein interessanter Fels. Achten Sie bei Ihrer täglichen Routine auf Dinge, die Sie hinzufügen können - eine Feder, die Ihnen auf den Weg geweht wurde, ein seltsam geformter Stein, ein vom Wind verwehtes Blatt Ihres Lieblingsbaums. Sie werden feststellen, dass Sie bald eine schöne Sammlung zusammen bekommen werden!

Sie können Ihren geweihten Bereich regelmäßig abändern, um ihm einen bestimmten Fokus zu geben, oder mehr als einen Bereich nutzen - es gibt hier keine Grenzen. Sie können sowohl einen Außenbereich als auch einen Innenbereich nutzen. Er muss nicht groß, beeindruckend oder mit den teuersten Ornamenten gefüllt sein. Ich habe eine Statue im Garten, neben die ich kleine Geschenke lege - einen Kieselstein vom Strand, eine Weizengarbe oder eine vom Meer geglättete Tonscherbe. Ich lege auch etwas in meine Blumentöpfe - wahrscheinlich, weil ich zu viel anhäufe! So befinden sich in meinen Lavendeltöpfen Elstern- und Fasanenfedern, in meinen Kartoffeln lila Austernschalen aus einer Flussmündung und in anderen Töpfen alle möglichen Muscheln, Fossilien und Kieselsteine. Auf diese Weise ist jeder Topf für mich ein kleiner geweihter Bereich, in dem ein Geschenk der Natur wächst, und ein kleines Geschenk ist immer auch ein Dankeschön! Wenn Sie einen Altar oder einen geweihten Bereich haben, brauchen Sie nur ein paar Minuten, um dort innezuhalten, eine Kerze anzuzünden und etwas zu rezitieren, das Ihren Weg bestätigt und Sie mit sich selbst verbindet.

Eine weitere Möglichkeit, den Tag zu bereichern, ist die Lektüre von etwas Inspirierendem. Das kann auf dem Weg zur Arbeit, in der Kaffeepause oder sogar an der Kasse geschehen. Denken Sie an die langweiligen Zeiten des Tages, in denen Sie warten, und richten Sie Ihr Telefon so ein, dass Sie etwas leicht verfügbar haben. Wir werden uns in einem weiteren Kapitel mit Apps für Ihr Mobiltelefon befassen, aber es gibt so einige, die Ihnen z.B. tägliche Zitate zur Verfügung stellen, welche Ihnen Denkanstöße liefern können. Versuchen Sie Apps wie:

- Thinkup: Positive Affirmations
- Forest: Stay Focused
- Motivation: Tägliche Zitate
- Daily Quote: Positive Quotes
- I am (auch in Deutsch! Anm. des Übersetzers)

Einige dieser inspirierenden Apps bieten auch Meditationen an - und ja, man kann sie schon in so kurzer Zeit wie fünf Minuten ausüben! Ich muss ehrlich sagen, dass ich mich früher schrecklich schwer mit Meditation getan habe. Ich habe einmal einen Kurs in Pranaheilung besucht, der eine stundenlange Sitzung beinhaltete. Während alle anderen, einschließlich des Kursleiters, die Augen geschlossen hatten und meilenweit entfernt waren, saß ich gelangweilt da und beobachtete die Gesichter der Leute. Ich versuchte, mir den schönen Wasserfall vorzustellen, von dem sie sprachen, aber meine magischen Kreaturen hüpften einfach immer wieder aus dem Wasser! Ich hatte Schwierigkeiten mit Meditation, bis ich einen schnellen und einfachen Rhythmus für sie fand. Heutzutage kann ich schon innerhalb weniger Minuten abschalten, um mich zu zentrieren. Mein Trick bestand darin, mehr an Visualisierung als an Meditation zu denken und mich eher von meiner eigenen Vorstellung leiten zu lassen als von dem, was mir vorgeschlagen wurde. Gegen geführte Meditationen ist nichts einzuwenden, und OBODs *Tea with a Druid (Tee mit einem Druiden)* auf Facebook und YouTube bietet sehr kurze Meditationen (ca. 20 Minuten) an, die wirklich gut funktionieren, aber ich brauchte etwas, das mich persönlich ansprach. Ich habe (in meinem Kopf!) einen Ort, eine üppige Wiese auf dem Land, an den ich gehen und mich hinsetzen kann, um dort Frieden zu finden. Weil ich das jetzt schon so oft gemacht habe, kann ich automatisch dort "landen" und so viel oder so wenig Zeit verbringen, wie ich will. Übung zahlt sich aus, aber es ist besser, wenn Ihnen alles ganz natürlich vorkommt, als wenn Sie sich dazu gezwungen fühlen. Denken Sie an einen Ihrer Lieblingsorte, und wenn Sie das nächste Mal meditieren wollen, nutzen Sie ihn als Hintergrund für Ihre Kontemplation.

Es lohnt sich, an dieser Stelle eines der Schlüsselkonzepte des Druidentums zu erwähnen, nämlich das awen, ausgesprochen "ahwhen" oder "ah-oo-wen". Es wird vor allem in seiner längeren

Form dreimal gesprochen, wenn es in druidischen Ritualen und Zeremonien intoniert wird, und ist eine Anrufung um sich mit dem Geist der Inspiration zu verbinden. Der "ah"-Laut öffnet Sie, um eine Inspiration zu empfangen. Der "oo"-Laut wird in die Länge gezogen und erlaubt es der Inspiration um Sie herumzuwirbeln. Der "wen"-Laut beendet die Intonation und vollendet den Prozess. Vielleicht ist Ihnen schon einmal das Symbol von awen aufgefallen, das auf einem Entwurf des druidischen Erneuerers Iolo Morganwg aus dem achtzehnten Jahrhundert basiert:

Es repräsentiert die drei Lichtstrahlen, die von drei Lichtpunkten ausgehen. Aber wie bei vielen Konzepten des Druidentums gibt es mehrere Interpretationen der Strahlen mit unterschiedlicher Bedeutung. Ich stelle sie mir gerne als Natur, Wissen und Wahrheit vor, während andere sie als Liebe, Weisheit und Wahrheit, die drei Bereiche der Seele - Verstand, Körper und Geist - oder die drei Reiche - Land, Meer und Himmel oder sogar die Oberwelt, die Mittelwelt und die Unterwelt definieren.

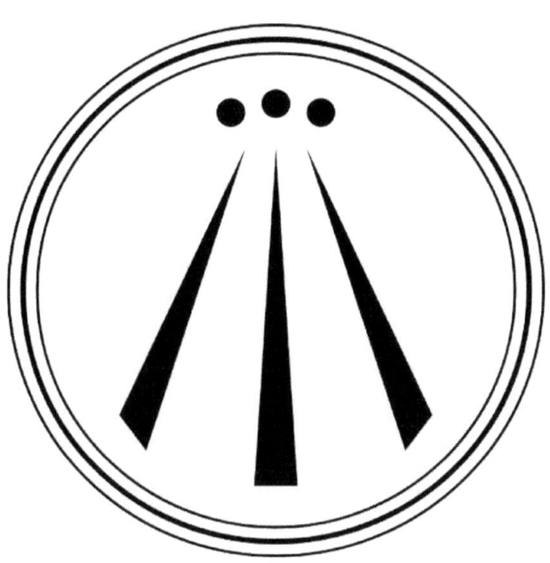

Es kann auch für die drei Grade der Druiden stehen - Barden, Ovaten und Druiden - und der heutige Orden der Barden, Ovaten und Druiden verwendet diese Grade für seine Kurse (Anmerkung - andere Organisationen besitzen eine andere Struktur, um mehr über das Druidentum zu lehren, haben aber oft dennoch drei Stufen). Die Barden waren Dichter, Geschichtenerzähler, Sänger und Schriftsteller, und heute öffnet der Grad des Barden die Lernenden für die Welt der Natur und ihre eigene Kreativität. Die Ovaten waren Wahrsager, Seher und Propheten und dieser Grad geht tiefer und lehrt, mit den Fertigkeiten des Wahrsagens, Heilens und der mystischen Künste zu arbeiten. Und der heutige moderne Druidengrad lehrt, wie man alle Elemente des Druidentums miteinander verbindet und sich in ihren Dienst stellt. Zu früheren Zeiten fungierte Druiden als Berater von Königen, als Richter, Lehrer und

Philosophen. Sie können eines oder mehrere dieser Dinge sein. Einigen Druiden gefällt der bardische Grad so gut, dass sie ihn beibehalten, während andere die Ausbildung forcieren und alles werden wollen. Die formale Ausbildung durch Organisationen unterscheidet sich dahingehend, dass einige sogar Kurse bei anderen Organisationen anbieten, um zusätzliche Perspektiven zu ermöglichen.

Sie haben vielleicht bemerkt, dass das awen ein wenig mit Dreien zu tun hat! Drei Klänge, wenn man awen anstimmt, drei Lichtstrahlen, drei Bedeutungen, drei Grade, die dreifache Göttin. Die Drei ist eine heilige und mächtige Zahl, und das gilt erst recht, wenn sie als Triade geschrieben wird – eine Redensart oder ein Sprichwort, die ebenfalls die Drei beinhalten. Es dauert nur wenige Augenblicke, sie zu lesen, aber viel mehr Zeit, um über sie nachzudenken! *The Triads of Ireland* von Kuno Meyer kann in gedruckter Form erworben oder online unter https://www.gutenberg.org/files/31672/31672-h/31672-h.htm nachgelesen werden Darin finden Sie viele Triaden zum Nachdenken wie zum Beispiel:

- Drei Dinge, die die Gerechtigkeit fordert: Urteil, Maß, Gewissen
- Drei Hände, die die besten der Welt sind: die Hand eines guten Zimmermanns, die Hand einer geschickten Frau, die Hand eines guten Schmieds
- Drei Vorbereitungen für das Haus eines guten Mannes: Bier, ein Bad, ein großes Feuer

Walisische Triaden finden sich gesammelt in *Triads of Britain* (1807) von Iolo Morgnnwg, übersetzt von William Probert. Morgnnwg stellte Triaden zusammen, die er in mittelalterlichen Handschriften fand, fügte aber auch einige seiner eigenen hinzu.

Es gibt zudem verschiedene andere Bücher und Sammlungen von Weisheitssprüchen, von denen auch einige online zu finden sind. Kleben Sie einen davon mit einem Post-It in die Nähe Ihres Arbeitsplatzes, schreiben Sie einen davon auf eine Karte und legen Sie ihn in Ihren geweihten Bereich oder tippen Sie einen in die Notizfunktion Ihres Telefons, um ihn gelegentlich anzusehen und über ihn nachzudenken. Einige meiner persönlichen Favoriten sind:

- Drei Dinge, die ein Mensch ist: das, was er glaubt zu sein, das, was andere denken, dass er ist, und das, was er wirklich ist
- Drei Kerzen, die jede Dunkelheit erhellen: Wahrheit, Natur und Wissen
- Drei Dinge, zu denen jeder Mensch fähig ist und ohne die Nichts sein kann: die Kraft des Körpers und des Geistes, Wissen und Liebe zur intuitiven Weisheit
- Drei Dinge sollte man immer vor Augen haben: die weltlichen Pflichten, das Gewissen und die Naturgesetze
- Drei Lehrer des Menschen: einer ist das Ereignis, das aus dem Sehen und Hören entstammt; der zweite ist die Intelligenz, die aus dem Nachdenken und der Meditation entsteht; und der dritte ist der Genius, individuell, ein Geschenk der Mächtigen

Wenn Sie am Ende des Tages nichts mehr Anderes tun können, sind Worte des Dankes eine einfache Möglichkeit, sich für alles erkenntlich zu zeigen, was Sie haben und was Ihnen gezeigt wurde. Wenn Sie abends zu Bett gehen, denken Sie einfach an fünf Dinge, für die Sie dankbar sind. Wenn Sie müde sind, können das ganz einfache Dinge sein wie Ihre Familie, Ihr Partner, Ihre Haustiere,

Ihr Garten, Ihre Kinder usw. Aber wenn Sie tiefer gehen wollen, können Sie den Dank genauer ausarbeiten - ich bin dankbar für die Bienen, die den Lavendel in meinem Garten bestäuben, ich bin dankbar für die alte Eiche, die mir heute Schatten gespendet hat, ich bin dankbar für die Inspiration, die mir das awen geschenkt hat, ich bin dankbar für die Segnungen, die mir die Göttin gewährt hat, und vor allem bin ich dankbar dafür, dass ich den Pfad der Druiden folge. Was für eine großartige Art einzuschlafen!

Kapitel 3

Ehren von Ahnen und Gottheiten

Ihr geweihter Bereich kann, wie in Kapitel 2 erwähnt, auch genutzt werden, um die Ahnen zu ehren. Im Druidentum ehren wir drei Arten von Vorfahren - unsere Blutsvorfahren, die Vorfahren der Tradition und die Vorfahren des Landes, in dem wir leben. Mit Verehrung meine ich nicht Anbetung - wie ich bereits erwähnt habe, ist das Druidentum keine dogmatische Religion - für manche ist es überhaupt keine Religion. Ehren ist eine Art und Weise, Dank zu sagen, diejenigen anzuerkennen, die vor uns waren, und anzuerkennen, was sie für uns bedeutet haben.

Unsere Blutsvorfahren sind unsere Familie - die Generationen, die vor uns gelebt haben. Ganz gleich, ob Sie sich für Ahnenforschung interessieren oder nicht, ob Sie viel über Ihre Familie wissen oder nicht, es war eine Menge erforderlich, damit Sie heute hier sind. Es brauchte Paare, die Kinder in einer Abstammungslinie hatten, die viel, viel weiter zurückreicht, als jede Website für Familiengeschichte Ihnen jemals sagen kann.

Mit ein paar kleinen Dingen, die Sie in Ihrem geweihten Bereich aufstellen, um Ihre Ahnen zu ehren, ist das mit ein wenig Überlegung schnell erledigt. Gibt es ein Bild von Ihrer Großmutter oder Ihrem Großvater? Ein überliefertes Schmuckstück? Eine alte Schale oder Tasse? Eine Uhr oder ein Wecker? Machen Sie sich keine Gedanken, wenn Sie keine Familienerbstücke haben sollten - überlegen Sie einfach, was Ihre Vorfahren repräsentieren könnte. Einige meiner Vorfahren waren Strohflechter, also erinnert eine Strohpuppe an ihre jahrelange Arbeit. Andere waren Fährleute, also repräsentiert sie ein Fläschchen mit Wasser.

Oft ehren wir unsere Blutsvorfahren auf eine Art und Weise, die uns gar nicht bewusst ist, z. B., indem wir ihre Aussprüche wiederholen, ein überliefertes Rezept nachkochen oder Schmuck aus unserem Nachlass tragen. Sie können Ihre Blutsvorfahren auch ehren, indem Sie Geschichten über sie erzählen, etwas über die Nachnamen in Ihrem Familienstammbaum herausfinden oder welche Berufe sie ausübten und wo sie lebten.

Das Ehren Ihrer Vorfahren fällt Ihnen vielleicht leichter, wenn Sie mehr über Ihre Familiengeschichte wissen. Denken Sie an Ihre Vorfahren, während Sie sich Notizen machen. Gibt es in Ihrem Garten eine Pflanze, die Ihnen von einem Verwandten geschenkt wurde? Schenken Sie ihr Aufmerksamkeit und danken Sie für sie. Gehen Sie an einem Haus vorbei, in dem ein Familienmitglied gewohnt hat? Hängt ein Foto an der Wand? Halten Sie inne und betrachten Sie es fünf Minuten lang.

Was ist, wenn Sie nichts über Ihre Vorfahren wissen? (Oder wollen Sie das gar nicht?) Sie können etwas haben, das nur für Sie die vergangene Familie repräsentiert, wie einen Engelsschmuck, einen Trauerring oder etwas, das für Ihre Kindheit steht. Sie können stattdessen auch eine andere Art von Vorfahren ehren. Im Druidentum gibt es keine festen Regeln, und alles kann an die eigenen Bedürfnisse angepasst werden.

Vorfahren des Landes oder des Ortes - das kann das tatsächliche Land oder das Haus sein, in dem Sie wohnen, oder in größerem Maßstab das Land, in dem Sie leben. Ich konnte zum Beispiel nicht herausfinden, wer vor mir in meinem Haus gelebt hat, aber sie besaßen einen Obstgarten. Wenn ich also einen Apfel in meinen geweihten Bereich lege, ehrt das die Menschen, die vor mir da waren. Ein Blick in die Volkszählungsunterlagen könnte Ihnen eine

Vorstellung vermitteln, aber glauben Sie mir, das wird länger als fünf Minuten dauern. Ich habe schon ganze Tage in diesem Kaninchenbau verloren! Aber wenn Sie herausfinden, dass er oder sie Hausangestellte war, legen Sie ein paar Seifenflocken dorthin, oder er oder sie waren Landarbeiter, legen Sie eine Weizengarbe dorthin - eine kleine Verbeugung vor den Menschen, die in dem Raum lebten, den Sie jetzt nutzen.

Erfahren Sie mehr über die Vorfahren des Landes, in dem Sie leben. Gab es eine indigene Rasse? Einen Clan oder Stamm, der schon lange verschwunden ist? Ich befürworte keineswegs die kulturelle Aneignung und die Übernahme der Traditionen einer anderen Kultur, aber insbesondere in Ländern, in denen es Konflikte und politische Unruhen gegeben hat, ist es respektvoll, diejenigen zu ehren, die einst auf diesem Land gelebt haben. Denken Sie darüber nach, Ihren geweihten Bereich mit einem Symbol zu schmücken oder etwas Erde in einen kleinen Topf zu geben, um all jene zu ehren, die früher hier gelebt haben.

Die Ahnen des Ortes zu ehren, kann auch bedeuten, mehr über Ihren Ort herauszufinden. Auch hier gilt: Wenn Sie sich vornehmen, bei einer fünfminütigen Beobachtung etwas Neues über Ihren Garten/Ihr Land/Ihren Ort wahrzunehmen, werden Sie vielleicht auf etwas stoßen, über das Sie mehr herausfinden können, wenn Sie mehr Zeit investieren. Gehen oder fahren Sie an einer heiligen Stätte, einem Marktplatz, einer Kirche oder einem Friedhof vorbei? Gibt es etwas Neues, das Sie über die Menschen erfahren könnten, die einst dieselben Wege wie Sie selbst gingen?

Traditionelle Vorfahren – die alten Druiden oder Druiden des 18. Jahrhunderts wie Iolo Morganwg, William Price oder George Watson, MacGregor Reid oder modernere Druiden wie Ross Nichols, oder Menschen, die für Sie von Bedeutung sind und Ihren

Glauben beeinflusst haben - können in Ihrem geweihten Bereich dargestellt werden oder es kann ein bestimmter Spruch oder Satz aus ihrem schriftlichen Werk auf einem Zettel stehen.

Die Ahnen der Tradition zu ehren ist manchmal schwieriger, aber fragen Sie sich, wer Sie auf Ihrem spirituellen Weg inspiriert hat. Es muss nicht unbedingt ein Druide sein - tatsächlich ist es sehr schwierig, festzustellen, wer in der Geschichte wirklich ein Druide war. Die Geschichte des Druidentums ist ein umstrittenes Thema, und es ist nicht möglich, hier darauf einzugehen. Wir wissen nicht wirklich, was die alten Druiden taten oder nicht taten, da die Aufzeichnungen so spärlich sind. Während sich also einige Menschen an den alten Druiden orientieren, ignorieren einige die alte Geschichte und konzentrieren sich auf das moderne Druidentum und die Elemente, die sie ansprechen.

Es ist auch sehr schwierig, jemand anderen als Druiden zu bezeichnen, selbst wenn man glaubt, dass sein Glaube ein solcher war. Aber es gibt Vorfahren in unseren eigenen Traditionen. Denken Sie an die bardischen Künste - Musik, Kunst, Geschichten-erzählen, Schreiben - um nur einige zu nennen, und überlegen Sie, wer Sie in Ihren eigenen kreativen Bestrebungen beeinflusst hat.

Wer hat Sie zum Nachdenken angeregt? Von Philosophen über politische Führer bis hin zu Menschen, die die Welt verändert haben, und Umweltaktivisten - gibt es in dieser Mischung jemanden, dessen Worte bei Ihnen einen Widerhall gefunden haben? Fügen Sie ein Bild, ein Zitat oder Darstellung der Arbeit hinzu, die sie in Ihrem geweihten Bereich geleistet haben, wenn Sie sich mit den Vorfahren der Tradition befassen.

Der Begriff Gottheit kann für viele Druiden ein schwieriges Thema sein, und es kann einige Zeit dauern, bis man seine eigenen

Gedanken und Überzeugungen versteht. Einige Druiden sind Christen und glauben an Gott. Einige Druiden sind monotheistisch - sie glauben an einen Gott oder eine Göttin, wer auch immer das sein mag, andere sind Duotheisten und glauben an ein Paar göttlicher Wesen, meist einen Gott und eine Göttin. Polytheistische Druiden glauben an zahlreiche Götter und Göttinnen - es gibt eine Menge davon! Andere Druiden sind der Ansicht, dass das Göttliche in allen Dingen vorhanden ist, während andere glauben, dass es aufgrund seiner Natur nicht erkannt werden kann.

Ein guter Ausgangspunkt ist ein gutes Nachschlagewerk. Dann brauchen Sie nur fünf Minuten, um einen kurzen Eintrag zu lesen und zu sehen, ob dieser Gott oder diese Göttin Sie anspricht und ob Sie mehr darüber erfahren möchten. Der Verlag, bei dem dieses Buch erschienen ist, gibt auch Titel wie: *Gods and Goddesses of Ireland: A Guide to Irish Deities* von Morgan Daimler und *Gods and Goddesses of Wales - A practical introduction to Welsh deities and their stories* von Halo Quin heraus. *The Isles of the Many Gods: An A-Z of the Pagan Gods & Goddesses of Ancient Britain* von Sorita d'Este und David Rankine ist ebenfalls ein großartiges, schnell lesbares Buch, das oft auf Kindle Unlimited angeboten wird und somit kostenlos zu lesen ist.

Bilder oder Ornamente, Statuen und Figuren können in Ihrem geweihten Bereich angebracht werden, um Ihre Gottheit(en) zu ehren. Sie können sie kaufen oder selbst anfertigen. Wenn Sie mehr darüber erfahren, werden Sie auch ihre Assoziationen herausfinden, die Sie sammeln oder als Symbol für sie verwenden können.

Schauen wir uns einige keltische Götter und Göttinnen an:

- Arianrhod ist eine Mondgöttin, die mit Fruchtbarkeit und

Wiedergeburt, Spinnen, Weben und dem Silberrad in Verbindung gebracht wird. Stellen Sie Bilder des Mondes oder von Eulen und Blätter von Efeu oder Silberbirke in Ihrem geweihten Bereich auf, um sie zu ehren.

- Blodeuwedd wurde aus Blumen erschaffen - Mädesüß, Ginster und Eiche. Sie ist eine Göttin der Emotionen. Sie kann durch Eulen und Blumen dargestellt werden.
- Brigit/Brigid, Göttin der Poesie, der Heilung, der Schmiede und des Frühlings. Sie können sie mit Blumen, Kerzen, Glocken und Brigid-Strohkreuzen ehren.
- Cerridwen, die Hüterin des Kessels des Wissens und Göttin der Inspiration. Ihr Schlüsselsymbol ist der Kessel und das Symbol von awen.
- Die Cailleach ist eine alte Göttin und die Göttin des Winters. Sie kann geehrt werden, indem man Weißdorn, Stechpalmenblätter oder -beeren, Hexensteine und Kieselsteine in den geweihten Bereich legt.
- Rhiannon ist eine Göttin der Pferde, der Kraft und der Singvögel. Ornamente oder Bilder von Pferden, Hufeisen oder Haferflocken können in Ihrem geweihten Bereich platziert werden, um sie zu ehren.
- Die Morrigan ist eine Göttin, die mit Krähen, Krieg und Tod auf dem Schlachtfeld in Verbindung gebracht wird. Die Morrigan wird auch zusammen mit Macha und Badb, ihren Schwestern, als dreifache Göttin gesehen. Symbolisieren Sie sie mit schwarzen Federn, roten Kerzen und schwarzen oder roten Kristallen wie Onyx, Granat und Obsidian.
- Arawn, Herrscher über das Reich Annwn, auch bekannt als die Anderswelt, der Gott des Todes, des Jenseits und der Wächter der verlorenen Seelen. Wird mit Hunden und Schweinen assoziiert.

- Cernunnos ist ein gehörnter Natur- und Fruchtbarkeitsgott, Herr des Waldes und der Tierwelt, der mit der Natur, Getreide, Geweihen, Knochen, Eichenblättern und Kiefernzapfen in Verbindung gebracht wird.
- Lugh ist ein Sonnengott, der mit Raben und Gewittern in Verbindung gebracht wird und für seine zahlreichen Fähigkeiten bekannt ist. Als Krieger wird er oft mit seinem magischen Speer und Schild dargestellt. Sein Tag ist Lughnasa, der 1. August, und als solcher wird er mit den ersten Früchten der Ernte in Verbindung gebracht. Sie können ihn ehren, indem Sie Getreide, Obst und Wein in Ihren geweihten Bereich einbringen.
- Mabon, das Kind des Lichts und der Sohn der Muttergöttin der Erde, Modron, ist ein Gott des Herbstes. Er wird an der Herbsttagundnachtgleiche geehrt. Das Füllhorn, das mit Birnen, Zwetschgen, Schlehen, Hagebutten, Holunderbeeren, Brombeeren, Weißdornbeeren und vor allem Äpfeln gefüllt ist, kann zu seinen Ehren aufgestellt werden.
- Manannan mac Lir ist ein Meeresgott und Wächter der Anderswelt und des Jenseits. Symbolisieren Sie ihn in Ihrem geweihten Bereich mit Muscheln, Treibholz, Kieselsteinen und Seeglas.

Dies sind nur einige sehr kurze und grundlegende Beispiele, aber durch Nachforschungen und das Lesen alter Texte können Sie mehr über die Götter und Göttinnen herausfinden, ob sie zu Ihnen sprechen und wie Sie sie mit Opfergaben und Geschenken ehren können, die mit Ihnen verbunden sind.

Wir haben uns angesehen, wie man Ahnen und Gottheiten in Ihrem geweihten Bereich ehren kann, aber es gibt natürlich noch andere Möglichkeiten, und eine der schnellsten ist, sie in seine täglichen Andachten und/oder Dankesworte einzubeziehen. Man könnte sagen, dass man seine Verbindung zu einer Gottheit niemals überstürzen sollte und dass man in fünf Minuten keine bedeutungsvolle Verbindung erfahren wird aber, wenn man nicht mehr Zeit hat, ist weniger besser als nichts.

Wenn Sie Ihren Tag mit einem Ritual Ihrer Wahl beginnen, richten Sie zumindest Ihre Gedanken auf Ihre Gottheit aus, so kurz die Verbindung auch sein mag. Zum Beispiel:

> O Cerridwen, Hüterin des Kessels,
> ich ehre Dich an diesem Tag
> Möge meine Stirn hell sein
> Möge die Inspiration fließen
> Awen 3 x (ah-oo-wen)

Wie auch immer der Glaube eines Druiden in Bezug auf Gottheiten aussehen mag, wir alle sind uns einig über die spirituelle Natur des Lebens. Die Natur ist heilig und göttlich und man muss nicht an einen Gott oder eine Göttin glauben, um das Druidentum zu praktizieren, wenn das nicht Ihr Ding sein sollte.

Kapitel 4

Das Rad des Jahres

Druiden ehren das achtfache Rad des Jahres. Die Natur ist natürlich zyklisch und bewegt sich durch Frühling, Sommer, Herbst und Winter und wieder zurück, Jahr für Jahr. Das Rad des Jahres dreht sich ebenso wie unser Leben. In größerem Maßstab bewegen wir uns durch die Kindheit, das Erwachsenenalter, das Alter und die letzten Jahre. Aber jedes Jahr verändert sich auch unser Leben, und während dieser Zeit können wir die Drehung des Rades der Jahreszeiten in der Natur beobachten.

Es gibt zwei Sonnenwenden im Sommer und im Winter, zwei Tagundnachtgleichen im Frühling und im Herbst sowie vier weitere besondere viertelübergreifende Tage (auch als keltische Feuerfeste bekannt) im Kalender, die heilige Zeiten markieren. Diese sind:

- Imbolc - 1. Februar
- Frühlings-Tagundnachtgleiche / Alban Eilir - 21. März
- Beltane - 1. Mai
- Sommersonnenwende / Alban Hefin - 21. Juni
- Lughnasadh - 1. August
- Herbst-Tagundnachtgleiche / Alban Elfed - 21. September
- Samhain - 31. Oktober - 2. November
- Wintersonnenwende / Alban Arthan - 21. Dezember

Das keltische Jahr beginnt und endet in der Regel mit Samhain, aber an dieser Stelle betrachten wir ein ganzes Kalenderjahr. Schauen wir uns jeden der heiligen Tage ein wenig genauer an:

Imbolc - 1. Februar

Imbolc ist ein vierteljährlicher Tag, der in der Mitte zwischen der Wintersonnenwende und der Frühjahrstagundnachtgleiche liegt. Das Wort Imbolc leitet sich vom altirischen *imbolg ab,* was "im Bauch" bedeutet, einer Zeit der schwangeren Erwartung und des Aufbruchs in neues Leben. Das Gras beginnt zu wachsen, die ersten Blumen sprießen, und die Tage werden länger. Es ist die Zeit der Wiedergeburt, der Erneuerung und der Hoffnung auf ein neues Jahr.

- Imbolc ist traditionell das Fest der Göttin Brigid und anderer Göttinnen des Herdes
- Ideen für Ihren heiligen Raum: Brot, Milch, Butter, Krokusse, ein Brigidenkreuz, Kerzen

Frühlings-Tagundnachtgleiche / Alban Eilir (Das Licht der Regeneration) - 21. März

Der Frühling kündigt sich an. Nacht und Tag sind gleich lang und es herrscht ein Gleichgewicht. Bald gibt es längere und wärmere Tage. Die Bepflanzung beginnt und die Samen werden gesät.

- Ehre Blodeuwedd, die Göttin des Frühlings, der Blumen und der Gefühle
- Ideen für Ihren geweihten Bereich: Samen, gefärbte Eier, Federn, Osterglocken

Beltane - 1. Mai

Beltane und traditionell der Maifeiertag begrüßen den Beginn des Sommers. Ein quartalsübergreifender Tag. Die Sexualität und die Fruchtbarkeit des Lebens werden gefeiert. Man denke an den phallischen Maibaum und die Feierlichkeiten, bei denen so manches junge Mädchen schwanger wurde. Assoziiert mit Feuer. Eine Zeit für Liebende und das Zusammentreffen von Göttin und Gott.

- Steht in Verbindung mit dem Gehörnten Gott und dem Grünen Mann
- Ideen für Ihren heiligen Raum: Blumen, Kerzen, Herzen, Bänder in Bäumen, phallische Symbole.

Sommersonnenwende / Alban Hefin (Das Licht des Sommers) - 21. Juni

Der längste und hellste Tag des Jahres. Die Sonne steht auf ihrem Zenit. Die Zeit der komplexesten druidischen Zeremonie. Obwohl die Sonne ihre volle Kraft besitzt, ist dies auch eine Zeit, die den Wendepunkt des Jahres markiert, denn nun beginnt die Sonne ihren Rückgang in Richtung dunklerer Tage.

- Ideen für Ihren heiligen Raum: gelbe und orangefarbene Blumen, Sonnenbilder und Ornamente, rote, gelbe und orangefarbene Kerzen, saisonale Produkte und Sonnenblumenkerne

Lughnasa - 1. August

Der Beginn der Erntezeit und vierteljährlicher Tag. Die Samen, die im Frühjahr gesät wurden, sind gewachsen, und jetzt ist die Zeit, in der die Pflanzen reifen und geerntet werden können. Eine Zeit des Überflusses und der Fruchtbarkeit.

- Assoziiert mit dem Sonnengott Lugh
- Ideen für Ihren heiligen Raum: Brot, Erntespeisen, Kerzen, Weizen, Maispuppen, Gerste, erste Früchte

Herbst-Tagundnachtgleiche / Alban Elfed (Das Licht des Herbstes) - 21. September

Das zweite der Erntefeste. Es steht für das Ende der Erntezeit. Eine Zeit, in der Tag und Nacht gleich sind.

- Danken Sie der Muttergöttin der Erde, Modron, und ihrem Sohn Mabon, dem Kind des Lichts
- Ideen für Ihren heiligen Raum: Ernteprodukte, Eicheln, Weizen, Beeren, Wein, getrocknete Blätter

Samhain - 31. Oktober-2. November

Samhain ist ein weiterer vierteljährlicher Tag auf halbem Weg zwischen der Herbsttagundnachtgleiche und der Wintersonnenwende. Es ist eine Zeit der Ehrung der Toten und unserer Vorfahren. Es ist auch eine Zeit, in der wir uns auf den Winter einstellen und Altes wegräumen, sowohl physisch in unseren Gärten und Schränken als auch geistig, um uns auf die kalten Monate vorzubereiten.

- Assoziiert mit der Morrigan
- Ideen für Ihren heiligen Raum: Äpfel, Kürbisse, Kürbisse und Kerzen

Wintersonnenwende / Alban Arthan (Das Licht des Bären) - 21. Dezember

Der kürzeste Tag des Jahres. Die Zeit der Dunkelheit und des Todes, aber auch der Wiedergeburt.

- Ehren Sie die Cailleach, die Göttin des Winters
- Ideen für Ihren heiligen Raum: Tannenzapfen und -nadeln, Stechpalme, Mistelzweig, Weihnachtsstern, Efeu

Wie können wir also diese Phasen des Jahres würdigen, wenn wir wenig Zeit haben, nicht an einem Treffen oder einer Feier des Hains teilnehmen können oder wenig Energie haben? Ein Anfang ist es, sie einfach nur zur Kenntnis zu nehmen. Tragen Sie die Daten in Ihren Kalender oder in Ihr Telefon ein, damit Sie sich zumindest bewusst sind, dass diese Tage besondere Tage im Druidenkalender sind. Hier sind einige andere Ideen:

- Schauen Sie sich die obigen Ideen an und stellen Sie etwas in Ihren heiligen Raum, das die Jahreszeit symbolisiert, egal ob drinnen oder draußen.
- Essen Sie eine achtsame Mahlzeit mit den Produkten, die zu dieser Jahreszeit erhältlich sind.
- Überlegen Sie, was Sie in Ihrem Garten anbauen, was Sie ernten und was Sie in Zukunft anbauen könnten.
- Wenn Sie keinen Garten haben, könnten Sie einen ganzjährigen Blumenkasten oder Pflanzgefäße anlegen, so dass für jede Jahreszeit etwas dabei ist?
- Führen Sie ein kurzes Kunstprojekt zur Feier des Tages durch
- Denken Sie darüber nach, was die Jahreszeit oder der hei-

lige Tag für die Welt und die Umwelt um Sie herum bedeutet und was er für Sie selbst bedeutet. Ist dies eine Jahreszeit, die Sie genießen? Was gefällt bzw. missfällt Ihnen am meisten an ihr?

- Sehen Sie sich Zeremonien und Rituale online an.
- Verehren Sie den Gott oder die Göttin, die mit diesem heiligen Tag oder dieser heiligen Jahreszeit verbunden ist.
- Lesen Sie über die alten Traditionen, die mit diesem Tag verbunden sind.
- Schreiben Sie Wörter auf, die Sie in ein Gedicht einbauen können, welches an diesen Tag erinnert.

Es gibt verschiedene Möglichkeiten, das Rad des Jahres, den Wechsel der Jahreszeiten und die Veränderungen in unserem Leben zu ehren. Lassen Sie sich etwas einfallen, auch wenn es nur ein kleiner Anlass ist, um diese besonderen Zeiten im Druidenjahr zu feiern.

Kapitel 5

Die Elemente

Die Vorfahren der Druiden verehrten drei Elemente, nämlich Land, Meer und Himmel, und natürlich sind dies die Schlüsselelemente der Natur. Wir kennen sie allgemeiner als Erde, Luft, Feuer und Wasser.

Erde passt zum Land, Wasser passt zum Meer und Luft zum Himmel. Manche mögen noch Feuer und Himmel hinzufügen, um die Sonne einzubeziehen. Manchmal wird ein fünftes Element diskutiert - der Geist - oder das Element kann sich, wie in der chinesischen Tradition, unterscheiden - Holz oder Vegetation - aber um die Dinge nicht zu sehr zu verkomplizieren, werden wir hier die vier Grundelemente betrachten und wie Sie sie in Ihre Praxis einbeziehen können.

Obwohl Druiden mit allen Elementen arbeiten können, neigen sie vielleicht zu einem Element mehr als zu einem anderen. Hier sind ein paar Eigenschaften, die mit jedem Element verbunden sind. Welches Element spricht Sie besonders an?

Erde - Erdverbundenheit, Sicherheit, Fundament, Festigkeit, Stärke
Positive Eigenschaften - Zuverlässigkeit, Weisheit, Sachlichkeit, Geduld, Realismus, Ausdauer
Negativ Eigenschaften - Langeweile, unerreichbare Ziele, Kontrolle, ungesunde Bindungen, Angst vor Veränderung
Zeichen - Steinbock, Stier, Jungfrau
Stimulieren Sie die Erdenergie, indem Sie Zeit in der Natur verbringen, im Wald baden, spazieren gehen, sich mit Bäumen verbinden und Gartenarbeit betreiben.

Essen Sie erdige Lebensmittel wie Wurzelgemüse und deftige Gerichte wie Eintöpfe und Suppen

Luft - Der Intellekt, Gedanken, Ideen, Intelligenz, der Verstand Positive Eigenschaften - Konzentration, klarer Verstand, Neugier, Problemlösung, Weitblick, positives Denken
Negative Eigenschaften - Ungeduld, Strenge, Gedankenlosigkeit, Verwirrung, Langeweile, Ablenkung
Zeichen - Waage, Wassermann, Zwillinge
Stimulieren Sie die Luftenergie, indem Sie Windspielen lauschen, die Brise in den Haaren spüren, sich auf Ihren eigenen Atem konzentrieren, tiefe Atemübungen machen und Federn sammeln.
Luft wird mit bitteren Lebensmitteln wie Rucola, Kurkuma, Bockshornklee, Löwenzahn, Kaffee, Tee und Grapefruits in Verbindung gebracht

Feuer - Positive Energie, Leidenschaft, Aktion, Wille Positive Eigenschaften - Kraftvoll, angetrieben, energiegeladen, Mut, Reinigung, Motivation, Führung.
Negative Eigenschaften - Betrug, Gerissenheit, ungeduldig, diktatorisch, jähzornig, unberechenbar, chaotisch, herrisch
Zeichen - Widder, Löwe, Schütze
Stimulieren Sie die Energie des Feuers, indem Sie die Flammen beobachten, sei es ein offenes Feuer oder eine Kerze, genießen Sie die Sonne, gehen Sie in die Sauna oder ins Dampfbad, beobachten Sie Kerzen und lauschen Sie den Geräuschen eines knisternden Feuers.
Speisen mit scharfen Gewürzen wie Chili, Cayennepfeffer oder schwarzem Pfeffer, Ingwer oder Zimt abschmecken.

Wasser - Die emotionale Welt, Gefühle, Sensibilität, Aufnahmefähigkeit, Reflexion
Positive Eigenschaften - Vorstellungskraft, Intuition, inneres Wachstum, Träumen und Tagträumen, Ausgleichen, Beruhigen, die Wahrheit annehmen
Negative Eigenschaften - Rückzug, Opferrolle, deprimiert, ängstlich, negativ oder überwältigt
Zeichen - Krebs, Skorpion, Fische
Stimulieren Sie die Wasserenergie, indem Sie ein langes, heißes Bad nehmen, mehr Wasser trinken, einen Ausflug an einen Strand, See oder Fluss organisieren und Ihr Gesicht regelmäßig in fließendem Wasser baden
Essen Sie salzige Lebensmittel (in Maßen) wie Algencracker, Sellerie, Tamari, Miso oder Anchovis

Überlegen Sie, mit welchem dieser Elemente Sie am meisten verbindet. Während Sie mit einem Element arbeiten, können Sie Ihren geweihten Bereich diesem Element widmen. Wenn Sie beispielsweise die Erde ehren, stellen Sie einen Topf mit Erde und lebenden Pflanzen in Ihren Bereich, die Luft kann durch eine Feder oder ein Windspiel dargestellt werden, das Feuer durch eine Kerze oder Weihrauch und das Wasser durch ein Fläschchen mit Wasser, etwas Steinsalz oder eine Muschelsammlung. Sie können natürlich auch alle Elemente darstellen. Zu meinem geweihten Bereich gehören unter anderem Pflanzen, Federn, Kerzen, eine Wassergöttin und Fossilien.

Die Elemente korrespondieren auch dem Rad des Jahres. Wenn Sie also Ihren geweihten Bereich entsprechend der Jahreszeiten dekorieren, überlegen Sie, welches Element korrespondiert.

Luft - Der Osten, das Frühlingsäquinoktium, die Jugend

Feuer - Der Süden, die Sommersonnenwende, die Sonne auf ihrem höchsten Stand, die Blütezeit unseres Lebens
Wasser - Der Westen, die Herbst-Tagundnachtgleiche, Alter
Erde - Der Norden, die Wintersonnenwende, Tod/Wiedergeburt

Viele druidische Rituale beinhalten eine Anrufung der vier Viertel (Himmelsrichtungen) und der Elemente. Auch Ihre eigene tägliche Praxis kann eine Anrufung der Elemente beinhalten. Eine Möglichkeit besteht darin, sich in jede Himmelsrichtung zu drehen (im Stehen oder wenn Sie auf einem Stuhl sitzen, können Sie Ihre Hand benutzen) und sie zu würdigen. Zum Beispiel, ganz grundsätzlich:

Ich rufe den Osten und das Element der Luft
Ich rufe den Süden und das Element des Feuers
Ich rufe den Westen und das Element des Wassers
Ich rufe den Norden und das Element der Erde

Sie können es aber auch komplexer gestalten und Ihre eigenen Gedanken einbringen:

Ich wende mich, um den Norden und das Element Erde zu ehren
Für das Leben, das sie hervorbringt, für die Bäume und Pflanzen, die sie nährt, für die Kraft, die sie mir gibt, und für die Welt, die sie bewahrt
Möge ich an diesem Tag mit der Erde im Einklang sein

Und Sie können die Meditation immer als eine Möglichkeit nutzen, sich mit den Elementen zu verbinden. Wenn Sie YouTube nutzen, suchen Sie einfach nach Meditationsmusik für das Element, auf das Sie sich fokussieren wollen, und Sie können diese als Hintergrund verwenden. Sie werden entspannende Wasserfall- oder Flussgeräusche für Wasser, knisternde Feuergeräusche, Windspiele für Luft und Naturgeräusche für Erde finden. Das kann auch hilfreich sein, wenn Sie drinnen festsitzen und sich mehr mit der Natur verbunden fühlen wollen.

Wenn Sie nach draußen gehen können, suchen Sie sich einen Platz, an dem Sie nicht gestört werden, und wählen Sie für eine fünfminütige Meditation eines der vier Elemente aus, mit dem Sie sich verbinden möchten. Zentrieren Sie sich, indem Sie sich hinsetzen und drei Atemzüge machen. Verbinden Sie sich im ersten Atemzug mit dem Himmel über Ihnen, im zweiten Atemzug mit der Erde unter Ihnen und im dritten Atemzug mit dem Wasser um Sie herum.

Wenn Ihr Fokus auf der Erde liegt, können Sie einen Stein, einen Zweig oder ein Blatt halten oder Ihre Hände direkt auf die Erde legen. Spüren Sie ihre Festigkeit unter Ihnen.

Wenn Sie sich auf die Luft konzentrieren, heben Sie Ihr Gesicht zum Himmel und spüren Sie die Brise auf Ihrem Gesicht. Hören Sie den Blättern zu, die im Wind rauschen.

Wenn Sie sich auf das Feuer konzentrieren, spüren Sie die Wärme der Sonne auf Ihrer Haut und fühlen Sie, wie die Sonnenstrahlen die Erde um Sie herum erwärmen.

Wenn Sie sich auf das Wasser konzentrieren, spüren Sie die Feuchtigkeit im Gras oder die Regentropfen in der Luft.

Die Einstimmung auf die Elemente um Sie herum hilft Ihnen, sich mit der Natur zu verbinden und sich als Teil der Welt um Sie herum zu fühlen.

Kapitel 6

Sonne, Mond und Sterne

Die Sonne ist die wichtigste Energiequelle für das Leben auf der Erde. Als heißer Ball aus glühenden Gasen beeinflusst die Sonne in Wechselwirkung mit der Erde die Jahreszeiten, die von globalen Windsystemen angetriebenen Meeresströmungen, das Wetter und das Klima. Ohne sie könnten wir nicht wirklich überleben.

Als solche wird sie seit Millionen von Jahren von Kulturen auf der ganzen Welt verehrt. Die Sonne wird hauptsächlich als männliche Energie angesehen, obwohl es auch einige Überschneidungen gibt. Sie können die Sonne durch Götter und Göttinnen ehren, die da wären:

- Áine
- Brigid
- Étaín
- Grannus
- Macha
- Olwen
- Sol
- Sulis Minerva

Eine der einfachsten Arten, den Tag zu beginnen, besteht darin, die Sonne zu begrüßen, ganz gleich, ob sie gerade scheint oder hinter einer Wolke verborgen ist. Wenden Sie sich ihr zu (bitte nicht direkt ansehen!) und strecken Sie Ihre Arme aus, indem Sie sie langsam über Ihren Kopf heben, bis Ihre Handflächen aneinander liegen. Bewegen Sie die Hände auf Brusthöhe, die Handflächen immer noch zusammen, strecken Sie die Arme wieder aus und wiederholen Sie den Vorgang. Ich mache das jeden Morgen dreimal, und es ist die Zeit, in der ich die Welt begrüße. Das kann so einfach sein wie „Hallo Sonne, hallo Welt". Sie können die Zeit auch für Ihre tägliche Andacht nutzen, sei es ein Gebet, eine Affirmation, die Anrufung eines Gottes oder einer Göttin oder eine Danksagung an die Elemente und die vier Viertel.

Weitere Möglichkeiten, die Sonne zu ehren, sind die Beobachtung von Sonnenaufgang und -untergang, Sonnenbäder (Creme nicht vergessen!) und eine Sonnenuhr im Garten.

Der Mond ist der Erde näher als die Sonne und wir können ihn nur sehen, weil er das Licht der Sonne reflektiert. Wir sehen auch immer nur eine Seite des Mondes - die "nahe Seite", die andere ist die "ferne Seite" oder "dunkle Seite". Und die Seite, die wir sehen, ändert sich mit den so genannten Phasen des Mondes auf seiner Umlaufbahn um die Erde. Wenn die Sonne verschiedene Teile des Mondes beleuchtet, sieht es so aus, als würde der Mond seine Form verändern. Es gibt acht Phasen des Mondes, die sich alle 29,5 Tage wiederholen. Sie sind Neumond, zunehmender Mond, erstes Viertel, zunehmender Mond, Vollmond, abnehmender Mond, drittes Viertel und abnehmende Mondsichel.

Der Mond wird als weibliche Energie angesehen. Zu den Mondgöttinnen gehören:

- Cerridwen
- Arianrhod
- Rhiannon
- Juna
- Luna

Der dreifache Aspekt der Göttin wird oft durch eine Frau mit einer Mondsichel zu beiden Seiten dargestellt und wird mit den Lebensphasen einer Frau in Verbindung gebracht: Jungfrau, Mutter und alte Frau. Welche Göttinnen das sind, ist eine Frage der Diskussion und der persönlichen Vorlieben. Die ursprüngliche Dreifaltigkeit könnte Persephone, die Jungfrau, Demeter, die Mutter, und Hekate, die alte Frau aus der griechischen Mythologie, gewesen sein. Bei den walisischen Göttinnen könnte es sich um Blodeuwedd, die Jungfrau, Arianrhod, die Mutter, und Cerridwen, die Älteste, handeln und in Irland um die drei Schwestern Morrígan, Badb und Macha.

Im Gegensatz zur Sonne, die man niemals anstarren sollte, bietet uns der Mond einen echten Blick auf einen anderen Himmelskörper und zwar einen, der für unser Leben essentiell ist und die Gezeiten des Meeres steuert. Aber wie oft ignorieren wir ihn einfach, besonders im Winter, wenn wir es drinnen gemütlich und warm haben?

An einem Abend dieses Jahres hatte ich bei Einbruch der Dämmerung das Fernglas herausgeholt, um nach Fledermäusen Ausschau zu halten. Es gab keine, also beschloss ich, einfach den Mond zu betrachten, und war erstaunt, als ich die Krater auf der Oberfläche deutlich erkennen konnte. Ich kann mich nicht erinnern, dass ich das jemals zuvor getan habe, und selbst durch mein altes, abgenutztes Fernglas war der Anblick absolut atemberaubend.

Um den Mond zu ehren, sollten Sie sich seine Phasen bewusstmachen. Sie können diese auf https://www.timeanddate.com/moon/phases oder auf www.moongiant.com verfolgen. Sie können sich auch Mond-Tracker für Ihr Telefon herunterladen, darunter My Moon Phase, Ephemeris - Sun and Moon Calendar und Phases of the Moon.

Man nimmt an, dass die alten Druiden die Sterne studierten und möglicherweise für eine Form der Weissagung verwendeten. Gregory Clouter schreibt in *The Lost Zodiac of the Druids*, dass der Gundestrup-Kessel in Wahrheit eine Karte des druidischen Nachthimmels ist. Einen Artikel über dieses Thema können Sie hier nachlesen

www.druidjournal.net/2008/12/11/the- druid-zodiac

Sie können auch Sternbeobachtungs-Apps wie diese verwenden, um sie zu identifizieren:

- Sky Map
- NASA-App
- Star Walk 2
- Star Chart
- SkyView Lite
- SkyWiki

Die Website www.stellarium-web.org zeigt Ihnen, was Sie von Ihrem aktuellen Standort aus sehen können, und bietet auch eine App für Outdoor-Aktivitäten an.

Wenn Astronomie nicht so Ihr Ding ist, müssen Sie manchmal einfach nur hinsehen! Im Garten zu sitzen, in eine Decke eingewickelt, mit bloßem Auge oder durch ein Fernglas zu schauen, kann Ihnen helfen, sich mit einer größeren Welt und einem viel, viel größeren Universum verbunden zu fühlen.

Kapitel 7
Verbindung zu Bäumen

Es wird oft behauptet, dass das Wort "Druide" von dem Wort für Eiche herstammt, kombiniert mit dem Wort "wid", was "wissen" oder "Kenntnis haben" bedeutet. Der Begriff Druide könnte also bedeuten: "Einer mit Wissen über die Eiche". Unabhängig von den Wurzeln des Wortes ist jedoch die Verbindung zur Natur und insbesondere zu Bäumen eines der wichtigsten Elemente des Druidentums. Eine der wichtigsten Grundlagen des Druidentums ist die Arbeit mit einem heiligen Hain - ein Hain kann extern und physisch oder intern und mental sein. Druiden führen Rituale in physischen heiligen Hainen durch und ehren dort in Zeremonien das Rad des Jahres. Mental können wir uns in unsere imaginären Haine flüchten und diese Visualisierung zur Inspiration und Erleuchtung nutzen.

Ich habe das Glück, auf dem Lande zu leben und einen großen Garten zu haben. In diesem Garten gibt es einen Bereich, der mein Hain ist. Es ist kein konventioneller Hain - er ist nicht kreisförmig und hat eine seltsame Mischung von Bäumen, von Esche und Haselnuss bis zu Apfel und Ginkgo biloba. Aber es ist ein Ort, an dem ich meditieren, meinen Morgentee trinken und an einem sonnigen Tag arbeiten kann. Während ich dies schreibe, sitze ich im Schatten einer alten Esche, deren Stamm sich in fünf Teile gespalten hat und deren große Äste meinen Schreibtisch schützen. Sie bietet mir Schatten, Schutz und eine ständige Erinnerung an die Schönheit und Großartigkeit der Natur.

Ohne Bäume könnten wir nicht überleben - das ist eine

schlichte und einfache Tatsache. Sie schenken uns die Luft zum Atmen und sind in vielerlei Hinsicht für unser Wohlbefinden unerlässlich. Die Bäume auf der ganzen Welt sind in Gefahr, und wir können ohne sie nicht leben. Das Pflanzen von Bäumen mindert die Auswirkungen des Klimawandels, aber unter Umständen haben Sie natürlich nicht den Platz oder die Zeit, um Ihren eigenen Hain zu pflanzen. Gefährdete Bäume, bedrohte Bäume oder bereits ausgestorbene Arten benötigen jedoch unsere Hilfe und Sie werden – wenn Sie möchten - viele Pflanzprojekte finden, denen Sie einen kleinen Betrag spenden oder bei denen Sie, wenn Sie mehr Zeit haben sollten, freiwillig mithelfen können. One Tree Planted (onetreeplanted.org) zum Beispiel ist eine gemeinnützige Organisation, die sich auf die weltweite Wiederaufforstung konzentriert. Sie pflanzt Bäume in Afrika, Asien, Europa, Nordamerika, Lateinamerika und im Pazifik. Für nur 1 $ können Sie einen Baum in Ländern pflanzen, in denen die Aufforstung am dringendsten benötigt wird.

Einige Druidenorganisationen haben ebenfalls Pflanzungsprogramme, bei denen Bäume mit Ehrfurcht und Sorgfalt gepflanzt werden. Der Orden der Barden, Ovaten und Druiden hat ein Programm zur Pflanzung von Heiligen Hainen und das Druidennetzwerk hat in Zusammenarbeit mit Trees for Life damit begonnen, Bäume im Caledonian Forest in Schottland zu pflanzen. Es gibt auch viele Baumpflanzungsprojekte, an denen man sich selbst beteiligen oder die man unterstützen kann:

- Reforest Nation - zur Aufforstung Irlands und zum Ausgleich Ihres CO2-Fußabdrucks.
- The World Land Trust - leistet einen Beitrag zu den weltweiten Aufforstungsbemühungen, zur Wiederherstellung verlorener Wälder, zur Wiederherstellung geschädigter Ökosysteme und zur Abschwächung des Klimawandels.

- Ziel der Ecosystem Restoration Camps ist es, die Erde zu reparieren und geschädigte Ökosysteme von Grund auf wiederherzustellen.
- Reforest Britain ist eine Website, auf der wichtige Projekte zur Wiederaufforstung von Wäldern und zur Anpflanzung von Stadtbäumen im Vereinigten Königreich aufgeführt sind.
- (Plant my Tree ist nur eines von vielen Baumpflanz-Projekten, das auch in Deutschland an einer nachhaltigen Wiederaufforstung arbeitet – Anmerkung des Übersetzers.)

Wir können Bäumen auf lokaler und globaler Ebene helfen, aber für einige von uns muss das Ehren von Bäumen eher ein inneres Projekt bleiben. Nicht jeder kann einen externen Hain haben, den er regelmäßig aufsuchen kann, aber Sie können in fünf Minuten einen zu sich nach Hause holen! Wenn Sie das nächste Mal spazieren gehen, sammeln Sie mindestens vier Zweige oder Blätter, die Sie in die vier Himmelsrichtungen legen. Wenn Sie genug sammeln können, um einen Kreis zu bilden, umso besser. Ich pflücke nie Blätter von den Bäumen, aber Sie werden viele herumliegende Baumabfälle wie Zweige, Nüsse und Zapfen finden, die Sie im Herbst mit nach Hause nehmen können, um drinnen einen heiligen Hain zu schaffen. Wenn Sie das nicht können, bitten Sie jemanden, etwas für Sie einzusammeln - Sie müssen ihm nicht unbedingt sagen, wofür sie es genau brauchen, es kann ja auch einfach ein Naturprojekt sein!

Eine weitere Idee, um einen Hain ins Haus zu holen, sind Bonsai-Bäume. Bonsai ist die japanische Kunst, Miniaturbäume in Töpfen zu züchten. Am häufigsten findet man Feigenbäume (Ficus), die man günstig in Supermärkten wie Aldi oder Lidl kaufen kann, aber man kann Sets auch online finden und sie aus Samen ziehen. Obwohl viele Bonsai einheimische japanische Bäume sind, können Sie auch andere immergrüne Laubbäume wie Myrte, Jasmin und Eukalyptus, Laubbaumarten wie Ahorn, Ulme, Birke und Eiche oder Kiefern und Nadelbäume wie Eibe, Zeder, Hemlocktanne und Lärche kultivieren. Bonsai-Bäume haben den Ruf, sehr schwierig in der Pflege zu sein, aber wenn man bedenkt, dass sie nur einen begrenzten Platz zum Wachsen haben und wenn man besonders darauf achtet, den Baum regelmäßig zu gießen und zu düngen, können sie für Indoor-Druiden von großem Nutzen sein.

Eine andere Möglichkeit, zuhause mit Bäumen zu arbeiten, besteht darin, ein Stück Holz von dem Baum zu haben, mit dem man arbeiten möchte. Sie können selbst schnitzen und es bearbeiten, aber wenn Sie wie ich mit dem Messer eher ungeschickt sind, können Sie auch online Stücke kaufen. Ich habe mehrere geschnitzte Halsketten von Adrian Rooke von Druid Grove Crafts gekauft, der auf ehrfurchtsvolle und ehrenvolle Weise geschnitzte Ogham-Anhänger herstellt. Man kann sie tragen oder im Haus aufhängen und sie während einer fünfminütigen Meditation in der Hand halten. Dieses Buch ist ein direktes Ergebnis meiner Arbeit mit der Hasel - dem Baum der Inspiration und Weisheit - der mir die Idee für dieses Buch und sogar den Titel verschaffte! Wenn Sie nicht physisch mit einem Baum zusammen sein können, ist dies eine wunderbare Möglichkeit, mit ihm zu arbeiten und seine Führung zu erhalten.

Sie können Sie auch eine Visualisierung verwenden, wenn Sie nicht in der Lage sein sollten, in physischem Kontakt zu einem Baum zu kommen. Stellen Sie sich vor, dass Sie ein Baum sind, dessen Füße in der Erde verankert sind und dessen Wurzeln tief in die Erde hinabreichen und Sie erden. Ihre Arme sind Äste. Fühlen Sie Ihre Finger, als wären sie Blätter, die im Wind wehen. Heben Sie Ihren Kopf zum Himmel und spüre Sie Ihre Verbindung mit der Sonne, dem Wind und dem Regen. Stellen Sie sich vor, wie sich ein

Baum im Frühling anfühlt, wenn sich seine Blätter zu entfalten beginnen, oder im Winter, wenn er seine Blätter abwirft. Denken Sie an die Vögel, die auf den Ästen sitzen, oder an die Eichhörnchen, die am Fuße des Stammes Nüsse sammeln. Denken Sie an die Sicht eines Baumes - all die Dinge, die Bäume im Laufe ihres Lebens gesehen haben - all die Veränderungen des Bodens, die Menschen, die sich ihnen nähern, die Lebewesen, die sie als Schutz und Nahrung nutzen, und was die Jahreszeiten mit der Umgebung machen. Natürlich können Sie auch einfach etwas benutzen, das einen Baum symbolisiert - einen Kristallweltbaum, ein Gemälde oder Foto, eine Schnitzerei oder ein Ornament des Lebensbaums.

Wenn Sie in Großbritannien oder Irland leben, sind die wichtigsten Bäume, mit denen Druiden arbeiten, Esche, Birke, Schwarzdorn, Holunder, Weißdorn, Hasel, Stechpalme, Eiche, Eberesche, Weide und Eibe, obwohl es noch viele, viele weitere gibt und es wirklich jedem selbst überlassen ist, mit dem Baum zu arbeiten, der ihn anspricht. Schauen wir uns einige der Überlieferungen über diese Bäume an.

Esche

Der Weltenbaum oder Baum des Lebens wird mit einer Verbindung zur Gottheit und der damit verbundenen Weisheit assoziiert.
Wird zur Herstellung von Druidenstäben und Besen verwendet.
Schlafen Sie für prophetische Träume mit ihren Blättern unter Ihrem Kopfkissen.

Birke

Ideal für alle, die sich einen Neuanfang und einen frischen Start wünschen, hilft bei Veränderungen.
Wird zur Herstellung von Maibäumen und zum Anzünden von

Beltane-Feuern verwendet.
Fegen Sie das alte Jahr am Tag nach der Wintersonnenwende oder zu Neujahr mit einem Birkenbesen aus.

Schlehdorn

Der größte Beschützer in Zeiten des Wandels und der Umwälzungen im Leben.
Seine Beeren werden für die Herstellung von Schlehen-Gin verwendet, sein Holz für die Herstellung von Irischen Shillelaghs, Wander- und Kampfstöcken.
Seien Sie jedoch gewarnt: Die Schlehe hat scharfe Stacheln, und Schnittwunden an diesen Stacheln können septisch werden.

Holunderbaum

Der Feenbaum, der uns mit der Anderswelt verbindet und uns hilft, feste Entscheidungen zu treffen und von einem Lebensabschnitt in den nächsten zu wechseln.
In der Medizin werden die Blüten zu einem ausgezeichneten Schnaps verarbeitet, und die Beeren sind reich an Vitamin C, das gegen Halsentzünden und Atemwegserkrankungen hilft.
Die Zweige wurden traditionell als starker Schutz gegen dunkle Magie gesammelt.

Weißdorn

Der Baum der Liebenden hilft, Liebeskummer zu heilen und das Herz zu stärken, um wieder zu lieben.
Traditionell werden Weißdornbeeren zur Herstellung von Marmelade, Wein und Chutney verwendet.
Im antiken Griechenland trugen die Bräute Kronen aus Weißdorn.

Hasel

Inspiration und Ideen fließen, wenn man mit diesem Baum arbeitet, der den Geist kanalisiert.

Es wird für den Bau von Flechtwerk oder Flechtwerk und Lehm, Spazierstöcke, Zäune und Körbe verwendet.

Hasel- oder Kokosnüsse sind nährstoffreich, sind aber auch gedacht, die Weisheit des Baumes weitergeben.

Stechpalme

Schutz für den Reisenden oder denjenigen, der für das Recht kämpft.

Wird für die Herstellung von Möbeln und traditionellem Weihnachtsschmuck verwendet.

Eine Tradition besagt, dass, wenn man ihre Blätter im Winter hereinholt, die Feen einen Unterschlupf vor der Kälte finden und sich für die Freundlichkeit revanchieren, indem sie das Haus segnen.

Eiche

Der weise alte Mann der Bäume, ewig beständig, voller Kraft und Weisheit.

Wegen seiner Langlebigkeit wird sie für Möbel, Fußböden und im Schiffbau verwendet.

Der heiligste Baum der Druiden, der durch den Zorn der Götter und Blitzeinschläge mit der Gottheit verbunden ist, aber auch nach einem Blitzeinschlag weiter gedeiht.

Eberesche

Ein weiterer Baum, der mit Feen in Verbindung gebracht wird und vor Verzauberung und bösen Mächten schützt.

Traditionell für Wagenräder und im Bootsbau verwendet.

Zweige der Eberesche wurden früher zum Schutz gegen das Böse getragen oder mitgeführt.

Weide

Ein heilender Baum, der bei überschwänglichen Gefühlen und zur Linderung von Wunden hilft.
Wird zum Weben verwendet und hat uns die Salicylsäure geschenkt, aus der Aspirin hergestellt wird.
Die Trauerweide wird mit Trauer assoziiert und wurde in China zum Ausfegen von Gräbern verwendet.

Eibe

Der Baum des Todes, der uns mit unseren Vorfahren verbindet. Er wird für Bogen und Musikinstrumente verwendet, aber alle Teile des Baumes sind giftig.
Eiben wurden traditionell auf Friedhöfen gepflanzt, einige glauben, dass sie aufgrund ihrer Giftigkeit Rinder abhalten, andere, dass sie mit ihrem weißen Saft und den roten Beeren den Leib und das Blut Christi symbolisiert, aber noch weiter zurück in der Vergangenheit wurde sie immer mit dem Tod und der Reise der Seele von diesem Leben zum nächsten in Verbindung gebracht.

Dies sind nur einige der heiligen Bäume und Überlieferungen, die sich um sie ranken. Das Thema ist sehr umfangreich und Sie können viele Bücher zu diesem Thema finden. Es kann sein, dass es sich dabei um Bäume handelt, die in Ihrer Nähe wachsen, oder auch nicht. Natürlich werden Sie überall auf der Welt Ihre eigenen einheimischen Bäume haben, die Sie ehren und mit denen Sie sich verbinden können.

Wie viele Tierarten sind auch Baumarten ausgestorben,

aber es ist immer noch möglich, einige gefährdete oder ausgestorbene Arten wieder anzupflanzen. In Irland zum Beispiel wird im Giant's Grove in Birr (Co. Offaly) ein riesiger Mammutbaumwald gepflanzt. Riesenmammutbäume waren einst in Irland heimisch, starben aber vor Beginn der Eiszeit vor etwa drei Millionen Jahren aus. Gibt es Bäume, die früher in Ihrem Land oder Ihrer Region wuchsen? Gibt es einen bedrohten Baum, mit dem Sie sich besonders verbunden fühlen und den Sie in Ihrem Garten anpflanzen könnten?

Druiden können auch das Ogham oder Baumalphabet benutzen, das für frühe Inschriften verwendet wurde. Man findet es auf Steinen in ganz Irland und West-Britannien. Sehen wir uns mal an, wie so etwas aussieht:

Es gibt 20 Originalzeichen und fünf Fordeda oder Zusatzzeichen, die alle einen Baum darstellen. Nachfolgend sind die ersten 20 mit ihrem Baum und den entsprechenden Zuordnungen aufgeführt.

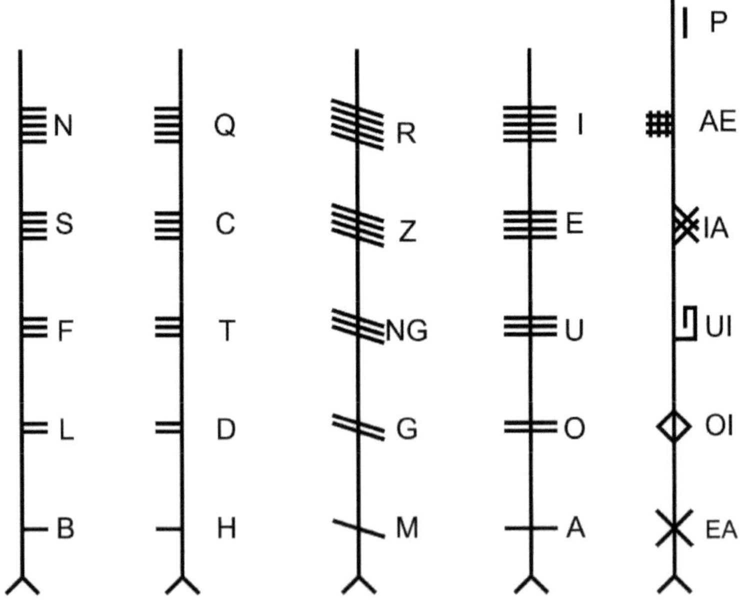

(Runologe, Wikimedia Commons, CC4.0)

B   **Beith** - Birke - Neuanfang, Wiedergeburt, Nachwachsen, Schutz

L   **Luis** - Eberesche - Urteil, Schutz, Anderswelt

F   **Fearn** - Erle - Anderswelt, Spiritueller Krieger, Stärke

S   **Saille** - Weide - Heilung, Emotionen, klare Sicht

N   **Nuin** - Esche - Zusammenhalt, Gerechtigkeit, Weisheit

H   **Huath** - Weißdorn - Schutz in Herzensangelegenheiten

D   **Duir** - Eiche - Kraft, Stärke, Weisheit

T   **Tinne** - Stechpalme - Mut, Herausforderung, Gerechtigkeit

C   **Coll** - Hasel - Inspiration, Awen, Kreativität, Botschaften der Ahnen, Weisheit

Q   **Quert** - Apfel - Feiern, Liebe, Gesundheit, Zufriedenheit

M   **Muin** - Rebe oder Brombeere - Freiheit, Ehrlichkeit, Prophezeiung

G   **Gort** - Efeu - Entschlossenheit, Träume in die Realität umsetzen, Freude

NG   **Ngétal** - Schilf, Ginster oder Farn - Transformation, Heilung, Harmonie und Licht

Z   **Straif** - Schwarzdorn - Umbruch, unvermeidliche Veränderung, Schutz

R   **Ruis** - Holunder - Beendigung, Entscheidungen, Übergang zu dauerhafter Veränderung

A   **Ailm** - Tanne - Vision, Verstehen, Klarheit, Fokus

O   **Onn** - Ginster - Mut, Potenzial, Fülle

U   **Ur** - Heidekraut - Positive Energie, Harmonie, Beziehungen, Zuhause

E   **Eadha** - Espe - Ausdauer, Widerstandskraft, Mut

I   **Idho** - Eibe - Vermächtnis, Vorfahren, Tod

In späteren Kapiteln werden wir uns ansehen, wie man das Ogham-Alphabet zur Weissagung oder für kreative Projekte verwenden kann, aber jetzt machen Sie sich erst einmal mit der Baumkunde der Bäume in Ihrem Garten, in Ihrer Umgebung oder der Bäume vertraut, an denen Sie täglich vorbeifahren. Welcher Baum spricht Sie am meisten an? Welche Eigenschaften eines Baumes benötigen Sie im Moment? Es gibt hierauf keine genauen und schnellen Antworten. Ich arbeite zu verschiedenen Zeiten des Jahres und zu verschiedenen Zeiten meines Lebens aus verschiedenen Gründen mit unterschiedlichen Bäumen. Beim Druidentum geht es nur darum, was für Sie funktioniert.

Abschließend wäre eine Diskussion über eine Verbindung zu Bäumen nicht vollständig, ohne den Baum des Lebens oder den Weltenbaum zu erwähnen, der in den nordischen Überlieferungen auch als Yggdrasil und in den irischen Überlieferungen als Crann Bethadh oder Bilé (Bee-leh) bekannt ist, den heiligen Baum. Die Folklore auf der ganzen Welt spricht von heiligen Bäumen, aber der Weltenbaum ist im Druidentum derjenige, der die Reiche von der Unterwelt unter seinen Wurzeln über die Mittelwelt, das Reich der Menschen, bis zur Oberwelt, dem Reich der Götter und Göttinnen, miteinander verbindet. Es würde weit mehr als fünf Minuten dauern, um dieses Konzept zu erklären, aber schauen Sie sich erst einmal ein paar wirklich kurze YouTube-Clips an, um sich auf die Betrachtung des Baums des Lebens einzustimmen:

- 5 Minute Grounding Meditation, Connect With Earth and Nature Energy For Health and Balance by Sarah Catori https://www.youtube.com/watch?v=Zs8T9xJX55M
- Fantasy Meditation Series Vol. 1: Enchanted Forest | Tree

of Life Ambient by Mindful Music
https://www.youtube.com/watch?v=pB-mrQ7voEs
(diese Firma bietet auch einige wunderbare kurze fünfminütige Meditationen mit verschiedenen Naturhintergründen
an)
- A Minute of Mindfulness - Tree of Life by The Pip (Eine Minute der Achtsamkeit - Baum des Lebens von The Pip)
  https://www.youtube.com/watch?v=L-K31MtEwi0
- 5 Minuten Meditation Timer - Baum des Lebens von Eleva-
  tion Meditation
  https://www.youtube.com/watch?v=AFTdt41u2Ww

Kapitel 8

Weissagung

Nach zwei verschiedenen Wörterbüchern ist die Weissagung a) die Praktik der Suche nach Wissen über die Zukunft oder das Unbekannte mit übernatürlichen Mitteln oder b) die Kunst oder Praktik, die darauf abzielt, zukünftige Ereignisse vorherzusehen oder verborgenes Wissen zu entdecken. Es gibt viele Formen der Weissagung, vom Hellsehen über die Verwendung eines Pendels bis zum Lesen von Teeblättern, aber die drei wichtigsten im Druidentum sind Tarot, Runen und Ogham.

In der druidischen Ausbildung wird üblicherweise in der zweiten oder Ovaten-Stufe mehr vermittelt, aber viele von uns benutzen regelmäßig Wahrsagewerkzeuge oder haben sich in irgendeiner Form damit beschäftigt. Es gibt natürlich viele verschiedene Arten der Weissagung, von Wolkenschau und Hellsehen bis hin zum Pendeln und Wünschelrutengehen. Um in die Fünf-Minuten-Methode zu verwenden, werden wir uns mit extrem einfacher Weissagung und den gebräuchlicheren Methoden beschäftigen. Wenn Sie mehr als fünf Minuten Zeit investieren wollen, können Sie sich mit den zeitaufwändigeren Methoden befassen, die im Folgenden beschrieben werden. Für den Moment wollen wir uns einige schnelle und einfache Möglichkeiten ansehen, Weissagung in die tägliche Praxis einzubauen.

Tarot- oder Orakelkarten

Tarot- und Orakelkarten gibt es in vielen verschiedenen Ausführungen. Tarot Decks bestehen in der Regel aus 78 Karten, 22 Haupt-Arkana und 14 Neben-Arkana-Karten für jede Farbe von Stäben, Kelchen, Schwertern und Pentagrammen. Aber jedes Deck ist anders und kann Variationen aufweisen. Beispielsweise können Stäbe Keulen oder Stöcke sein, Pokale können Kelche sein, Schwerter können Klingen sein und Pentagramme können als Münzen dargestellt werden. Im Allgemeinen haben die kleinen Arkana auch Pagen-, Ritter-, König- und Damenkarten.

Die großen Arkana variieren ebenfalls von Deck zu Deck, aber eine Version ist:

0	Der Narr
I	Der Magier
II	Die Hohepriesterin
III	Die Herrscherin
IV	Der Herrscher
V	Der Hierophant
VI	Die Liebenden
VII	Der (Streit-)Wagen
VIII	Gerechtigkeit
IX	Der Eremit
X	Das Rad des Schicksals
XI	Die Kraft
XII	Der Gehängte
XIII	Der Tod
XIV	Die Mäßigung
XV	Der Teufel
XVI	Der Turm
XVII	Der Stern
XVIII	Der Mond
XIX	Die Sonne
XX	Das Gericht
XXI	Die Welt

Meine Lieblingsdecks sind das Druid Animal Oracle Deck von Philip und Stephanie Carr-Gomm und das Chrysalis Tarot Deck von Toney Brooks. Vor vielen Monden habe ich auch das Cat People Deck von Karen Kuykendall geschenkt bekommen, das inzwischen alt und abgenutzt, aber immer noch ein geschätzter Besitz ist.

Wie Sie sich vorstellen können, enthält das Druid Animal Oracle Darstellungen von hochgeschätzten Tieren, von Füchsen bis zu Drachen und sein Schwesterdeck, das Druid Plant Oracle, enthält Blume und Pflanzen der druidischen Tradition. Sie können auch ein kombiniertes Deck von beiden als Smartphone-App erhalten.

Das Chrysalis Tarotdeck basiert auf den Archetypen der Anderswelt und einer Gruppe mittelalterlicher Troubadoure. Die Haupt-Arkana umfasst Figuren wie Merlin, Gaia und den Grünen Mann, während die Neben-Arkana in Farben von Steinen, Spiegeln, Spiralen und Schriftrollen aufgeteilt sind.

Es gibt so viele Kartendecks, dass Sie, wenn Sie diese Form der Weissagung nutzen möchten, wirklich ein wenig stöbern müssen, um ein Deck zu finden, das zu Ihnen passt und das Sie gerne nutzen möchten. Die Legesysteme sind so vielfältig wie die Designs selbst, aber für den Zweck einer schnellen Weissagung gibt es drei einfache Lesungen, die Sie verwenden können.

Orientierungshilfe für den kommenden Tag

Mischen Sie morgens Ihre Karten und ziehen Sie mit dem Gedanken, sich für den kommenden Tag beraten zu lassen, eine Karte, um ihre Botschaft zu enthüllen.

*Hinweis: Wenn Sie neu im Tarot sind, sollten Sie vielleicht ein Nachschlagewerk oder ein Buch kaufen, das Ihr ausgewähltes Deck begleitet, um einen besseren Einblick in die von Ihnen gewählte Karte zu bekommen. Wenn Sie die Karten regelmäßiger benutzen, werden Sie sich an die Bedeutung der Karten erinnern und müssen nicht jedes Mal ein Buch zu Rate ziehen, wenn Sie eine Lesung vornehmen.

Das Lesen einer Karte

Bevor Sie die Karten zu Rate ziehen, sollten Sie eine Vorstellung davon haben, welche Art von Hilfe Sie suchen. Überlegen Sie sich, bei welchem Thema oder Problem Sie Hilfe benötigen, während Sie die Karten mischen. Wählen Sie eine Karte aus, zu der Sie sich hingezogen fühlen, und prüfen Sie, ob ihre Botschaft Ihnen in Ihrer Situation helfen kann.

Das Drei-Karten-Orakel

Wie oben, aber Sie wählen drei Karten aus dem Deck. Je nach Ihrer Absicht (worauf Sie sich mit den Karten konzentrieren und Klarheit schaffen wollen) können diese verschiedenen Dinge repräsentieren, wie z.B. Vergangenheit-Gegenwart-Zukunft, Situation-Hindernis-Ergebnis oder Verstand-Körper-Geist.

Wenn Sie natürlich mehr Zeit haben, können Sie Ihre Verwendung des Tarots und der Legesysteme, die Sie verwenden, weiterentwickeln. Es gibt eine großartige Website Emerald Lotus Divination, die eine Online-Referenzbibliothek von Tarot-Legesystemen unter https://www.emeraldlotusdivination.com/ tarotspreadcollection für Sie zur Verfügung stellt.

In meiner eigenen Praxis ziehe ich jeden Morgen eine Leitkarte für den kommenden Tag und verwende größere Legesysteme nur, wenn ich Hilfe bei einem persönlichen Problem brauche. Tarotkarten werden Ihnen nicht verraten, wann Sie die Liebe Ihres Lebens treffen werden oder ob Sie ein Vermögen erben werden, und nein, die Todeskarte bedeutet in Wirklichkeit nicht den Tod! Aber sie können Ihnen Einblicke geben und Ihre Selbstentwicklung fördern. Heute Morgen habe ich zum Beispiel die Prinzessin der Münzen gezogen, die mich aufforderte, über meine kreativen Projekte in der Vergangenheit nachzudenken und zu überlegen, wie diese in der Zukunft aussehen könnten.

Ogham

Neben dem Tarot gibt es viele andere Formen der Weissagung, und eine der beliebtesten ist die Verwendung des Ogham. Schauen Sie sich Kapitel 7 - Die Verbindung zu Bäumen - und das Bild des Ogham-Alphabets an. In Kapitel 10 werden wir uns ansehen, wie Sie Ihr eigenes Set erstellen können, aber bis dahin können Sie entweder mit einem gekauften Set üben, die Buchstaben auf Papier zeichnen oder sogar eine App für Ihr Handy herunterladen. Die Ogham-Symbole werden in der Regel in Stäbe geschnitzt, gebrannt oder gezeichnet und in einem Beutel aufbewahrt, in dem man sie schütteln und mischen kann, ähnlich wie beim Mischen von Tarotkarten.

Die einfachste Methode der Weissagung besteht darin, den Stab des Tages zu wählen. Schütteln Sie Ihre Tasche und ziehen Sie einen Stab. Schlagen Sie seine Bedeutung - den entsprechenden Baum - und ihre Zuordnungen nach, um herauszufinden, ob ihre Deutung eine Botschaft für Sie enthält.

Sie können den Stab für ein schnelle Deutung der Vergangenheit, Gegenwart und Zukunft verwenden. Mischen Sie das Ogham. Ziehen Sie einen Stab und legen Sie ihn auf die linke Seite, um Ihre Vergangenheit darzustellen. Ziehen Sie einen anderen und legen Sie ihn auf die rechte Seite, um Ihre Zukunft darzustellen. Zum Schluss ziehen Sie einen weiteren Stab und legen Sie ihn in die Mitte.

Nehmen wir zum Beispiel an, Sie ziehen Straif - Schwarzdorn, Saille - Weide und Beith - Birke. Straif in der Position Vergangenheit deutet auf Umbruch und Veränderung hin. Saille in der Gegenwart deutet auf Emotionen hin, die geheilt und alte Wunden verarbeiten müssen. Beith in der Zukunftsposition zeigt, dass Sie durch Ihre Vergangenheit und Gegenwart einen Punkt des Neubeginns, der Wiedergeburt und des Nachwachsens erreichen werden.

Runen

Während das Ogham eine frühe irische Sprache ist, stammen die Runen von den germanischen Völkern ab. Es gibt mehrere verschiedene Runenalphabete, darunter das Ältere Futhark (2. bis 8. Jahrhundert), die angelsächsischen Runen (5. bis 11. Jahrhundert), das Jüngere Futhark (9. bis 11. Jahrhundert) und die mittelalterlichen Runen (12. bis 15. Jahrhundert). Das Ältere Futhark enthält zum Beispiel 24 Runen, das Angelsächsische 33.

Das Werfen der Runen

Runen sind in der Regel auf Kieselsteinen eingraviert oder auf Steine gemalt, können aber auch aus Holz, Kristall, Metall oder Knochen bestehen und wie das Ogham in einem kleinen Beutel oder einer Tasche aufbewahrt werden. Auch die Deutungen ähneln dem Ogham, aber ihre Bedeutungen sind weitaus traditioneller. Die ersten sechs Runen des Elder Futhark zum Beispiel lauten:

F   Fehu, bedeutet Hausrind oder Reichtum
U   Uruz, bedeutet ein wilder Ochse
T   Thurisaz, bedeutet ein Dorn oder ein Riese
H   Hagalaz, bedeutet Hagel
A   Ansuz, d.h. ein Gott der Vorfahren
R   Raidho, bedeutet Wagen oder Streitwagen
K   Kenaz, bedeutet ein Leuchtfeuer oder eine Fackel

Als solche sind sie etwas schwieriger zu entziffern, und es werden ihnen modernere Bedeutungen zugeschrieben wie:

F   Fehu, bedeutet Gewinn oder Erfüllung
U   Uruz, bedeutet Stärke und Entschlossenheit
T   Thurisaz, bedeutet rohe Gewalt oder unerwartete Veränderung
H   Hagalaz, bedeutet Unterbrechung und Verzögerung
A   Ansuz, bedeutet Weisheit oder Wissen
R   Raidho, bedeutet Reisen oder Fahrten
K   Kenaz, bedeutet positive Energie oder Kraft

Ich bevorzuge die angelsächsischen Runen, wie sie in der folgenden Tabelle dargestellt sind:

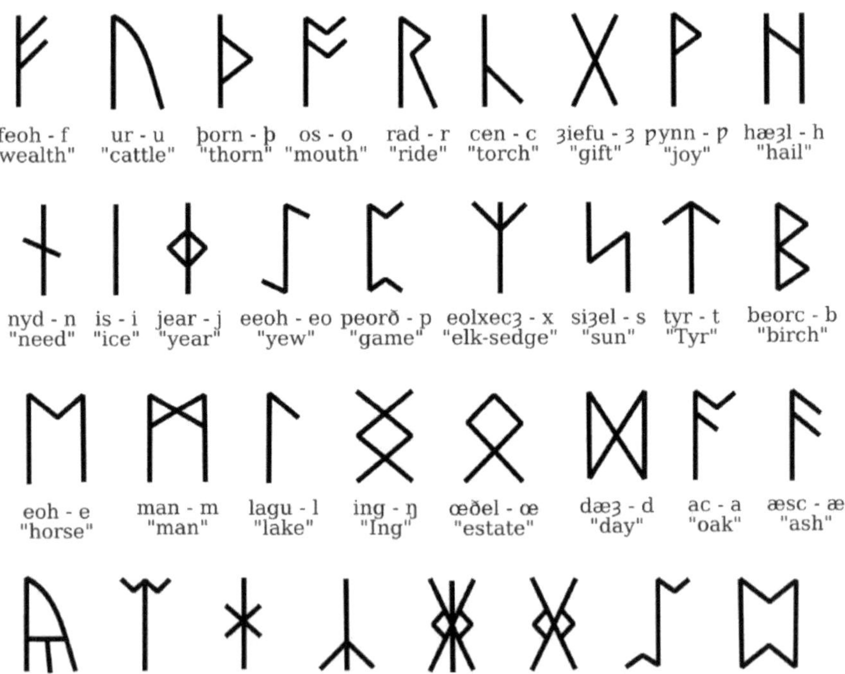

Es ist wirklich eine Frage der persönlichen Vorliebe, welche Runen Sie verwenden möchten. Wenn Sie die Weissagung mit einem Runenalphabet erforschen möchten, schauen Sie sich die verschiedenen Arten an und wählen Sie diejenige aus, mit der Sie am liebsten arbeiten möchten.

Sie können wie das Ogham verwendet werden, um die Rune des Tages auszuwählen. Ein Drei-Runen-Wurf kann auch hier schnell durchgeführt werden, um Ihnen einen Einblick zu verschaffen. Auch hier gilt: Überlegen Sie sich vor dem Ziehen Ihre Frage oder Absicht. Legen Sie die ausgewählten Runen vor sich auf ein Tuch. Die erste steht für die Situation, die zweite für die Herausforderungen, mit denen Sie konfrontiert werden, und die dritte für ein mögliches Ergebnis oder die Vorgehensweise, die Sie wählen könnten.

In Kapitel 9 werden wir uns mit der Herstellung eines eigenen Runensets befassen, aber Sie können natürlich auch ein Set kaufen. Viele alternative Geschäfte bieten sie an, aber es gibt auch einige schöne handgefertigte Sets auf Etsy.

Frauenrunen

Dies ist ein fantastisches Kartenset, das sehr einfach zu benutzen und zu verstehen ist. Shekhinah Mountainwater, eine Schlüsselfigur der Göttinnenbewegung, erlebte etwas, das sie als einen Göttinnenblitz der Inspiration beschrieb, der sie dazu brachte, ein Set von 41 Runensymbolen für Weissagung und persönliches Wachstum zu kreieren, die für Frauen bestimmt sind. Sie beschrieb sich selbst als eine "muse-ische, mystische, magische Frau, die die Göttin und die Frauen liebt, eine Vorläuferin der Womanspirit-Bewegung, eine Lehrerin der Frauenmysterien und eine Priesterin der Aphrodite". Später erweiterte die Autorin Molly Remer Shekhinah

Mountainwaters Interpretation der Symbole, indem sie ein Kartendeck mit den Runen erstellte und ein Buch *Womanrunes: Ein Leitfaden für ihre Verwendung und Interpretation* schrieb.

Statt komplizierter Legesysteme oder Lesungen, die interpretiert werden müssen, kann die Anwendung von womanrunes so einfach sein wie das Ziehen von lediglich einer Karte am Tag. (Sie können einen kurzen Online-Kurs unter https:// brigidsgrove.com/womanrunes/ absolvieren, wenn Sie die Zeit dazu haben und mehr darüber erfahren wollen). Die Symbole sind grundlegend und einfach zu kopieren, als Erinnerung an Ihre Deutung. Wenn Sie sich zum Beispiel für den Kreis entschieden haben, sieht er genauso aus - ein mit einer schwarzen Linie gezeichneter Kreis, der die Bedeutung der Rune des Selbst, der Anfänge, des Potenzials und der Unschuld hat. Diese Schlüsselwörter können dann etwas sein, an das man im Laufe des Tages denkt.

Ich möchte nur darauf hinweisen, dass es verschiedene Arten der Pflege Ihrer Wahrsagegeräte gibt, vom Waschen über das Segnen bis hin zum Reinigen. Schauen Sie nach, wie Sie Ihre Werkzeuge am besten behandeln sollten und finden Sie einen Weg, auf dem Sie sich am wohlsten fühlen.

Träume

Über Traumdeutung ist schon viel gesagt worden und es gibt Tausende von Büchern, die Ihnen sagen, was die Dinge in Ihren Träumen bedeuten sollen. In Traumtagebüchern kann man nach dem Aufwachen notieren, was man im Traum gesehen, gefühlt, gehört und erlebt hat. Aber die Traumdeutung ist keine exakte Wissenschaft, und was in einem Buch steht, kann sich stark vom dem unterscheiden, was in einem anderen Buch steht.

Die meisten unserer Träume sind nichts Anderes als Produkte

unseres Unterbewusstseins, das die Erfahrungen des Tages verarbeitet. Haben Sie schon einmal einen Horrorfilm angesehen, bevor Sie ins Bett gingen, und sind dann mit Albträumen aufgewacht? Das ist einfach nur die Verarbeitung des Gesehenen durch Ihr Gehirn, das versucht dem Ganzen einen Sinn zu geben. Aber Ihre Träume können auch so viel mehr sein.

Träume helfen uns auch, Probleme zu lösen und manchmal tun sie das auf sehr kreative Weise. Bei einer Gelegenheit dachte ich beim Zubettgehen darüber nach, welche einfachen Gartenprojekte ich durchführen könnte und als ich aufwachte, gingen mir die Bilder verschiedener Ideen durch den Kopf, als hätte mein Gehirn die Nacht damit verbracht, das Gespeicherte zu sortieren, um mir eine Lösung zu präsentieren. Manchmal nehmen wir nicht ganz auf, was wir sehen, lesen oder hören. Wir werden jeden Tag mit so vielen Informationen bombardiert, dass wir nicht alles verarbeiten können, aber nachts, wenn unser Unterbewusstsein die Kontrolle übernimmt, versucht es all die Dinge sortieren, die wir unbewusst aufgenommen haben. Eine Studie von Bruce Lipton, einem Biologen aus Stanford, ergab, dass das Bewusstsein Informationen mit etwa 40 Bit pro Sekunde verarbeitet. Das Unterbewusstsein verarbeitet mehr als 20 Millionen Bits an Informationen pro Sekunde. Wenn wir schlafen, hat es also freie Hand, und das können wir nutzen, um das awen und unsere Kreativität anzuzapfen, indem wir einfach vor dem Einschlafen über ein Projekt nachdenken. Bleiben Sie nicht die ganze Nacht auf und denken Sie darüber nach. Schlagen Sie es einfach Ihrem Verstand vor. Thomas Edison sagte einmal: "Gehen Sie niemals schlafen, ohne eine Bitte an Ihr Unterbewusstsein gerichtet zu haben. Also stellen Sie Ihrem Geist eine Aufgabe, bevor Sie zu Bett gehen. Wenn Sie dann aufwachen, nehmen Sie sich fünf Minuten Zeit, um die Ideen, die Ihnen kommen, aufzuschreiben - Sie werden überrascht sein, wie gut Ihr Unterbewusstsein die Dinge regelt, wenn Sie ihm Aufmerksamkeit schenken!

Als Druide können Träume auch auf eine andere Art und Weise betrachtet werden, besonders, wenn Sie mit Bäumen, Gottheiten oder Ahnen gearbeitet haben. Hat ein Tier zu Ihnen gesprochen? Ist einer Ihrer Vorfahren erschienen? Gibt es Botschaften für Sie, die in Ihren Träumen auftauchen? Dies sind die Dinge, die Sie in Ihrem Traumtagebuch notieren und berücksichtigen sollten, wenn eine Verbindung schwierig ist. Vielleicht empfangen Sie in Ihren Träumen Botschaften, die Sie bisher ignoriert haben.

In Kapitel 11 werden wir uns ansehen, wie Sie Social-Media-Apps für eine noch schnellere Weissagung nutzen können.

Kapitel 9

Lesen und Zuhören

Wir alle würden gerne einen Tag mit einem guten Buch verbringen, vielleicht auf einer Sonnenliege mit einem kühlen Getränk und Knabbereien oder eingemummelt in einem Lieblingssessel vor einem prasselnden Kaminfeuer, aber das geht oft nur, wenn wir im Urlaub sind oder eine Erkältung haben. Das Leben kommt einem Tag mit einem guten Buch und dem Gefühl, dass wir etwas Besseres mit unserer Zeit anfangen sollten, immer in die Quere.

Aber wenn Sie sich fünf Minuten Zeit nehmen, um etwas Ergreifendes und Bedeutungsvolles zu lesen, kann Ihnen das helfen, sich mit dem Druidentum zu verbinden und Ihnen etwas zum Nachdenken geben. Etwas, über das Sie nachdenken könnten, während Sie Ihrer täglichen Routine nachgehen.

Was können Sie schnell einmal lesen? Ich habe Nachschlagewerke erwähnt und diese sind natürlich sehr unterschiedlich. Am Ende dieses Buches finden Sie einige Vorschläge, aber im Grunde können Sie von Naturführern über Nachschlagewerke zu Göttern und Göttinnen alles bis hin zu Enzyklopädien über mythische Tiere und Bücher über das Druidentum berücksichtigen. Bücher, in die man leicht eintauchen und wieder aussteigen kann. Druiden sammeln viele Bücher, um ihre Bücherregale damit zu schmücken, weil die Naturspiritualität so viele Elemente enthält. Wenn Sie keine Zeit haben, einen dicken Wälzer zu lesen, suchen Sie etwas, das leichter zu handhaben ist. Mein Mann hasst es zu lesen, aber mit einem Naturbuch kann er gut umgehen. Für Druiden-Anfänger, die viel unterwegs sind, empfiehlt sich ein Blick in die Collins pocket gems series, DK's pocket nature oder Bloomsbury pocket guides, die man in die Tasche stecken und mit sich herumtragen kann. Sie können Ihnen helfen, die Bäume und Pflanzen zu erkennen und zu identifizieren, denen Sie begegnen.

Gedichte sind einfach und schnell zu lesen, ebenso wie Artikel in Zeitschriften oder im Internet. Das Abonnement eines heidnischen Magazins bietet Ihnen eine Vielzahl von Themen, die Sie durchgehen können und führt zu weiteren Themen, wenn Sie einmal mehr Zeit haben. Sie können Ihnen auch den richtigen Weg zu Veranstaltungen, Haintreffen und Ausrüstungsgegenständen weisen. Probieren Sie beispielsweise diese aus:

- Pagan Ireland
- Pagan Dawn
- Green Egg
- Witches & Pagans
- Crone: Women Coming of Age
- Sacred Hoop
- FAE (Faeries and Enchantment)
- Witchcraft and Wicca
- Touchstone (OBOD Mitglieder)

Es gibt auch einige großartige Blogs im World Wide Web, und die dort veröffentlichten Artikel sind dazu gedacht, schnell verinnerlicht zu werden. Werfen Sie einen Blick darauf:

- Britisch Druiden Orden Blog
  https://britishdruidorder.wordpress.com/
- Der Blog von Philip Carr-Gomm
  https://philipcarr-gomm.com/
- Damh der Barde Blog https://www.paganmusic.co.uk/blog
- Down the Forest Path https://downtheforestpath.com/
- Druidenleben https://druidlife.wordpress.com/

- Der Garten des Druiden
  https://druidgarden.wordpress.com/
- Under the Ancient Oaks
  https://www.patheos.com/blogs/johnbeckett/

Triaden, Zitate, Sprichwörter und Redewendungen lassen sich in Sekundenschnelle lesen, können aber den Geist öffnen und zum Nachdenken anregen. Manchmal hilft es auch, sie laut zu lesen und sich die Worte auf der Zunge zergehen zu lassen, indem man sie mehr als einmal ausspricht. Finden Sie einen Spruch, der Ihnen gefällt, und wiederholen Sie ihn immer wieder, dann werden Sie sich bald an ihn erinnern.

Es gibt auch Bücher mit Zitaten, in die man leicht eintauchen kann. Versuchen Sie *By Time Is Everything Revealed: Irish Proverbs for Mindful Living* von Fiann O'Nuallain, *The Proverbs of Wales: A Collection of Welsh Proverbs, With English Translations* von T. R. Roberts oder ein eher allgemeines Buch, wie das *Little Oxford Dictionary of Proverbs* von Elizabeth Knowles.

Podcasts sind eine gute Möglichkeit, interessante Informationen zu hören, und Sie können so lange oder so kurz zuhören, wie Sie möchten. Sie können sie auf Ihrem Computer anhören, aber am besten laden Sie sich eine geeignete App für Ihr Telefon herunter, wie Spotify, Google Play Music, Apple Podcasts oder Castro. Sie können die Sendungen stoppen und starten, zurückspulen oder pausieren, so dass Sie immer wieder zurückgehen und ein bisschen mehr hören können. Es gibt Sendungen, die sich speziell mit dem Druidentum befassen, darunter:

- Druidcast
- Druid Wisdom
- Three Witches and a Druid

- Druids in Cars, Going to Festivals
- Forest Spirituality with Julie Brett

Und dann gibt es noch andere zu Themen wie Folklore, Mythen und Legenden, Natur, Ökologie, Heidentum und Gottheiten:

- The Folklore Podcast
- Tales of Britain and Ireland
- The Loremen
- Nature Podcast
- Nature Tripping
- Backyard Ecology
- Ecology Matters
- Down at the Crossroads
- Three Pagans and a Cat
- Once upon a Goddess
- Irish Mythology Podcast
- Celtic Myth Podshow

Es ist wirklich für jeden etwas dabei - je nach Lust und Laune, Interesse und Zeit. Einige Podcasts haben kurze fünfminütige Episoden, während andere eine Stunde lang sind, aber man kann immer ein- und aussteigen, wann immer man fünf Minuten erübrigen kann.

Wenn Sie keine Zeit zum Lesen haben, haben Sie vielleicht mehr Zeit zum Hören! Viele Bücher sind jetzt auch als Hörbücher erhältlich. Amazon hat sein Audible-Programm, aber es gibt auch andere Anbieter wie Scribd, Overdrive und Libby, mit denen Sie über Ihr Mobiltelefon oder Ihren Computer zuhören können.

Außerdem dauert es normalerweise nicht so lange, sich Lieder anzuhören! Haben Sie schon einmal daran gedacht, sich Geschichten anzuhören, die in Liedern oder gesprochener Musik umgesetzt wurden? Damh the Bard (www.paganmusic.co.uk) hat einige fabelhafte Musikstücke produziert, vor allem aber jene, die die Geschichten des Mabinogion - bisher drei Zweige - unter dem Titel Y Mabinogi erzählen.

Andere Märchenerzähler, die Worte in Musik umsetzen, sind Dani Larkin, Seth Lakeman und die Bog Bodies. Musiker wie Spiral Dance, S J Tucker, Cernunnos Rising und Gaia Consort verbinden Folklore und Mythen mit Musik und ihre Lieder können Sie an einen anderen Ort entführen!

Kapitel 10
Schreiben und Zeichnen

Es kann eine echte Herausforderung sein, die Zeit zu finden, um etwas Längeres zu schreiben - ich weiß das sehr gut, denn ich habe mehrere Bücher geschrieben! Wenn es aber schon immer Ihr Ziel war, ein Buch zu schreiben und Sie über einen Aspekt des Druidentums schreiben möchten, können Sie Ihr Buch in nur fünf Minuten pro Tag planen! Überlegen Sie sich in kurzen Zeitabschnitten, welche Kapitel Sie in Ihr Buch aufnehmen wollen und wenn Sie sie festgelegt haben, was genau die einzelnen Kapitel behandeln werden. In der kognitiven Verhaltenstherapie gibt es ein großartiges Hilfsmittel namens "Aufbrechen ", das Sie für fast jede Aufgabe verwenden können. Denken Sie an das Hauptziel, z. B. das Schreiben eines Buches, und zerlegen Sie es dann in kleine, überschaubare, mundgerechte und erreichbare Aktionen, wie z. B. die Auflistung der Anzahl der Kapitel - sagen wir 10 - und überlegen Sie sich jeden Tag in den Ihnen zur Verfügung stehenden fünf Minuten einen Kapiteltitel. Das mag nicht viel sein, aber es ist ein Anfang!

Sie können so auch für Artikel vorgehen. Denken Sie an einen Artikel, den Sie schreiben wollen, und notieren Sie die wichtigsten Punkte, die Sie behandeln wollen. Schauen Sie sich die Liste der heidnischen Zeitschriften im vorherigen Kapitel an - viele von ihnen nehmen Einsendungen von Artikeln von Gedichten bis hin zu Zeichnungen entgegen.

Ein Tagebuch zu führen, muss nicht mehr als ein paar Minuten pro Tag in Anspruch nehmen. Nicht jeder führt gerne ein Tagebuch, aber wie wir im Kapitel über Weissagung gesehen haben, kann man es benutzen, um Erfahrungen, Ideen und Begegnungen in Träumen festzuhalten und man kann es auch benutzen, um die eigenen Erkenntnisse zu notieren, wenn man etwas bemerkt und beobachtet hat, so dass man, wenn man mehr Zeit hat, zurückblicken und etwas heraussuchen kann, das man vertiefen möchte.

Gedichte können in fünf Minuten erstellt werden! Es wird vielleicht kein Meisterwerk, aber woher soll man das wissen, wenn man es nicht versucht hat! Schließen Sie zunächst die Augen, beruhigen Sie Ihren Geist und öffnen Sie Ihre Sinne. Schreiben Sie den ersten Gedanken auf, den Sie haben. Es könnte etwas sein, das Sie hören - z. B. höre ich im Moment draußen den Regen, also ok - *Regen fällt auf das Dach* - das ist eine erste Zeile. Dann denken Sie darüber nach, wie Sie sich bei diesem Geräusch fühlen. Nach Wochen sonnigen Wetters ist das für mich - *Ein Segen für die ausgedörrte Erde* - Zeile zwei! Dann denken Sie an eine letzte Zeile, ein Ergebnis oder einen Vorsatz - er wird alles nähren und wieder wachsen lassen, damit *aus braun wieder grün wird*. Da haben wir es - nicht das subtilste Gedicht der Welt, aber dennoch ein Gedicht:

Der Regen fällt auf das Dach
Ein Segen für die ausgedörrte Erde,
aus Braun wird wieder Grün

Wenn Sie wie ich Gedichte lieben, dann üben Sie doch einfach, Gedanken und Gefühle zu formulieren und schauen Sie, was Ihnen dabei einfällt! Sie können es auch an eine Zeitschrift schicken, um zu sehen, ob es den Leuten dort gefällt.

In Kapitel 2 haben wir uns Triaden angesehen – Weisheitssprüche, in Dreiergruppen geformt, aber wie wäre es, wenn Sie sich Ihre eigenen ausdenken? Erinnern Sie einfach daran, dass sie in Dreiergruppen auftreten. Versuchen Sie es zunächst mit etwas wirklich Einfachem, wie das Beste an Hunden: Treue, Kameradschaft,

Schutz oder das Beste an Bäumen: Schutz, Holz, Blätter - nur um Sie in einen Denkfluss von Dreiergruppen zu bringen. Erweitern Sie dann das Ganze auf umfassendere Konzepte wie die drei Geheimnisse einer guten Ehe oder die drei Geheimnisse eines langen Lebens - Sie können so tief gehen, wie Sie wollen!

Wenn Sie nicht weiterkommen und keine Lust haben, etwas Tiefgründiges zu schreiben, notieren Sie einfach ein paar Worte. Erstellen Sie eine Mindmap mit Ideen und Gedanken. Beginnen Sie mit einem Schlüsselbegriff wie z.B. Druidentum und zeichnen Sie Linien, die von diesem Begriff ausgehen. Listen Sie andere Wörter auf (Sie können auch Zeichnungen verwenden) und sehen Sie, wohin Sie dieser Zweig führt. Angenommen, Sie schreiben Druidentum - Bäume - wohin könnte Sie das führen? Blätter, Äste, Wurzeln - die physischen Attribute und dann vielleicht, was sie für Sie bedeuten - Zuflucht, Schutz, Luft - und jedes dieser Wörter kann Sie wieder weiterführen.

Mindmaps sind eine visuelle Darstellung Ihrer Gedanken und Ideen, und Sie können sie nutzen, um herauszufinden, wohin Sie auf Ihrem Weg gehen und worauf Sie sich konzentrieren möchten. Versuchen Sie, mit dem Konzept - ich als Druide - zu beginnen und sehen Sie, wohin es Sie führt. Vielleicht notieren Sie die wichtigsten Elemente wie Ahnen, Elemente, Bäume, das Rad des Jahres usw., aber sehen Sie dann selbst, welchem Zweig Sie letztendlich folgen. Sie werden vielleicht feststellen, dass Sie einige davon ignorieren oder daran hängen bleiben, aber andere werden fließen und unbewusst werden Sie die Bereiche, an denen Sie am meisten interessiert sind, auf einer Mindmap darstellen können.

In Kapitel 8 über Weissagung haben wir uns mit den Runen, dem Ogham und den Frauenrunen beschäftigt. Sie können üben, die Symbole und ihre Bedeutungen zu lernen, indem Sie sie auf

Karten oder Papier zeichnen. Wenn Sie eine bestimmte Rune anspricht, zeichnen Sie sie und platzieren sie in Ihrem heiligen Bereich, damit Sie sie regelmäßig sehen können. Sie können auch üben, Sätze mit Runen zu schreiben. Beginnen Sie damit, einfach Ihren Namen zu buchstabieren. In angelsächsischen Runen sieht mein Name Sarah zum Beispiel so aus:

ᛋᚪᚱᚪᚻ

Wenn Sie jemanden haben, mit dem Sie üben können, können Sie ihm kleine Notizen schicken, die er dann dechiffrieren kann:

ᛁ ᛚᚩᚠᛖ ᛁᚩᚢ
ᚦᛖ ᚳᚪᛏ ᚾᛖᛖᛞᛋ ᚠᛖᛖᛞᛁᛝ
ᛞᛁᚾᚾᛖᚱ ᛁᛋ ᛁᚾ ᚦᛖ ᚩᚠᛖᚾ

Übersetzung: I love you, the cat needs feeding, dinner is in the oven! (Ich liebe dich, die Katze muss gefüttert werden, das Abendessen ist im Ofen!)

Sie können mit Runensätzen enorm viel Spaß haben und die Kinder dazu bringen, mitzumachen. Einen Runenübersetzer findet Sie unter https://valhyr.com/pages/rune-converter oder unter https://www.vikingrune.com/rune-converter/, wo sich eine Auswahl an Elder Futhark, angelsächsische Runen, Langzweig Jüngeres Futhark, Kurzzweig Jüngeres Futhark und stablose Runen finden lässt.

Schauen Sie sich noch einmal den Abschnitt über die Frauenrunen in Kapitel 8 an - sie sind so einfache und doch kraftvolle Symbole. Auf ihrer Website (https://brigidsgrove.com/womanrunes/) heißt es, dass sie "sehr einfach direkt selbst zu verwenden sind -

indem Sie sie in Ihre eigene Kunst einbeziehen, sie auf Objekte zeichnen oder einritzen und sie dadurch auf lebendige Weise in Ihr Bewusstsein schreiben". Wählen Sie ein Symbol, das Sie anspricht, und zeichnen Sie es auf eine Karte, die Sie in Ihrem geweihten Bereich aufstellen oder bei sich tragen können. Sie können es so schlicht oder so aufwändig gestalten, wie Sie wollen.

Sie können aber auch überlegen, ob Sie Ihre eigenen Runen mit Symbolen, die Sie ansprechen, entwickeln wollen. In Bastelläden gibt es einfache Karten in Postkartengröße zu kaufen. Nehmen Sie sich täglich fünf Minuten Zeit, um an ein Wort und ein Symbol zu denken, welches es repräsentiert. Denken Sie an Dinge, nach denen Sie die Runen befragen würden - zum Beispiel Liebe, Kraft, Gesundheit oder Weisheit. Dann überlegen Sie sich ein einfaches Symbol, das dies darstellen könnte - Liebe ist normalerweise ein Herz, aber es könnte auch ein Unendlichkeitssymbol oder Lippen sein, Stärke könnte der Abdruck einer Bärentatze oder eine Lotusblume sein, Gesundheit könnte ein rotes Kreuz oder das Auge des Horus sein und Weisheit eine Eule oder ein Buch. Die Möglichkeiten sind endlos und Sie können von sehr einfachen symbolischen Designs zu komplizierteren Zeichnungen übergehen, wenn Sie mehr Zeit haben.

Wenn Sie Lust haben, können Sie sich auch ein eigenes Tarotdeck zusammenstellen. Das erfordert natürlich etwas Planung, aber Sie können blanke Spielkarten kaufen, um damit zu üben. Und wenn Sie mal fünf Minuten Zeit haben, überlegen Sie sich, welches Konzept oder Thema Sie verwenden möchten. Mögen Sie zum Beispiel fantastische Tiere? Oder wie wäre es mit Bäumen? Oder vielleicht Kristalle und Steine? Wenn Sie sich dann entschieden haben, können Sie sich vorstellen, wie die einzelnen Karten aussehen könnten. Sie können Ihr Deck nach und nach mit Ihren eigenen Darstellungen aufbauen. Wenn Sie ein Deck zusammengestellt haben, können Sie es als Karten drucken lassen. Es gibt viele günstige Online-Druckereien, die diesen Service anbieten, und man kann sie sogar an Freunde verschenken!

Einige Druiden verwenden in ihrer Praxis auch gerne Siegel. Siegel sind magische Symbole, die mit einer Absicht durchtränkt werden können. Man denke an das awen mit seinen drei Punkten und drei Strahlen oder den Baum des Lebens. Es gibt auch ein Druidensymbol, das aus einem runden Kreis mit zwei Linien besteht und manchmal als Blätterkranz mit zwei Zweigen dargestellt wird. Oder was ist mit den keltischen Symbolen wie der Triskele oder der Triquetra (wieder drei!)? Einige sind sehr einfach gestaltet, andere sind komplizierter. Siegel sind mit jedem Medium leicht zu zeichnen: mit Bleistift, Marker, Kreide, Farbe usw. und können auf alles gezeichnet werden, von Pappe über Holz bis hin zu Keramiken. Man kann mit ihnen meditieren oder sie in seinem geweihten Bereich aufstellen, um zu kontemplieren.

Natürlich ist eine der einfachsten und schnellsten Möglichkeiten, kreativ zu werden, wenn man einfach nur mit Papier und Bleistift oder Papier und Farbe dasitzt, aber denken Sie darüber nach, ob Sie es nicht mit Absicht tun wollen. Denken Sie an einen Aspekt des Druidentums, den Sie lieben - die Sonne, die Elemente, Bäume, eine Gottheit - und dann lassen Sie sich freien Lauf, um einfach die Dinge zu skizzieren, zu kritzeln oder zu malen, die Sie ansprechen.

Mandalas werden als eine Möglichkeit gesehen, sich durch einen Ausdruck von Mustern und Formen in kreisförmigem Design mit seinen inneren und äußeren Welten zu verbinden. Das Wort "Mandala" bedeutet im Sanskrit "Kreis", aber seine Verwendung ist mit einer Meditation vergleichbar, bei der man nach und nach die Schichten des Musters aufbaut. Man nimmt an, dass die ersten Mandalas von buddhistischen Mönchen im ersten Jahrhundert v.

Chr. geschaffen wurden und oft auf Mustern aus der Natur basieren. In der Regel befindet sich in der Mitte des Mandalas ein Bild, oft ein Blumen- oder Blattmotiv, um das herum fünf oder sechs Kreise mit unterschiedlichen Mustern angeordnet sind. Manche Künstler verwenden einen Zirkel, um die Räder eines Mandalas abzustecken, aber Sie können auch etwas in Ihrem Haus finden, um das Sie herumzeichnen können, z. B. Flaschen oder Glasböden in verschiedenen Größen. Sie können auch völlig freihändig zeichnen - es wird vielleicht kein perfekter Kreis - aber wen interessiert das schon? Schauen Sie sich einige Mandala-Muster an (suchen Sie einfach nach einfachen Mandala-Bildern in Ihrem Browser - es gibt Hunderte!) und erstellen Sie Ihre eigene Version.

Wenn Sie Naturmaterialien wie Zweige, Tannenzapfen und Blätter gesammelt haben, die Sie eigentlich wegwerfen wollen, warum tauchen Sie sie nicht zuerst in Farbe und schaffen zusammen mit der Natur ein Bild? Haben Sie alte Blumen in einer Vase? Bestreichen Sie die Blütenblätter mit verschiedenen Farben und machen Sie davon Abdrücke. Herbstblätter in der Einfahrt? Sammeln Sie eine Handvoll davon und machen Sie Blattabdrücke. Schauen Sie sich an, was Sie umgibt, und nutzen Sie es, um Ihre Kreativität zu inspirieren und Ihre kreative Seite zu entfesseln.

Kapitel 11

Soziale Medien und Apps

Soziale Medien sind eine zweiköpfige Bestie - die eine konsumiert unersättlich, die andere beobachtet und lernt. Ob Sie soziale Medien nun nutzen oder nicht, sie stellen heute einen Faktor im täglichen Leben dar und werden so schnell nicht wieder verschwinden. Für diejenigen unter uns, die sie regelmäßig nutzen, können sie ein Weg sein, um mit der Familie, der Arbeit und unseren Interessen in Verbindung zu bleiben, aber sie können uns auch die Zeit rauben, die wir eigentlich für unsere Weiterentwicklung benötigen.

Wenn wir davon sprechen, fünf Minuten zu nutzen, um unser Druidentum zu unterstützen, sollten wir innehalten und überlegen, wie lange wir täglich soziale Medien nutzen und ob das unsere Überzeugungen stärkt oder ob wir mehr Zeit damit verbringen, uns lustige Tiere, deprimierende Nachrichten oder die neueste Promi-Krise anzusehen. Konsumieren wir unersättlich sinnlose Inhalte? Ja, soziale Medien können zur Entspannung und Erholung genutzt werden, aber wie viel davon ist wirklich entspannend? Auf ein paar sinnvolle Beiträge kommen zwanzig weitere, die uns eher ein ungutes Gefühl vermitteln.

Wir können unsere Nutzung von sozialen Medien jedoch darauf ausrichten, unseren Weg zu unterstützen, indem wir Druidenorganisationen, Ökologieinitiativen, Naturseiten, inspirierende Menschen und Selbsthilfegruppen Gleichgesinnter verfolgen. Wir können beobachten und lernen, anstatt uns auf triviale Dinge zu konzentrieren.

Alle großen Druidenorganisationen haben Social Media Feeds, sei es auf Facebook, Twitter oder Instagram:

- Order of Bards, Ovates and Druids
- British Druid Order
- AODA – Ancient Order of Druids in America
- Anglesey Druid Order – Urdd Derwyddon Môn
- Black Mountain Druid Order
- The Green Mountain Druid Order
- Der **Orden** der Barden, Ovaten und **Druiden** im deutschsprachigen Raum (Anmerkung des Übersetzers)

Schauen Sie nach, welche nationalen Orden es in Ihrem Land gibt und welchen lokalen Gruppen Sie folgen könnten. Von allen sozialen Medien - und darüber lasst sich sicherlich streiten! - finde ich persönlich Facebook am ansprechendsten. Es gibt Gruppen, denen man folgen und in denen man sich engagieren kann. Der Orden der Barden, Ovaten und Druiden zum Beispiel hat mehrere Ableger wie:

- Order of Bards, Ovates and Druids – Members' group
- OBOD Friends
- Friends of OBOD and Druidry
- Obodies in Ireland
- OBOD Artists Community
- OBOD Divination Discussion – An OBOD Members' Group

Sie möchten keinem bestimmten Orden angehören? Dann schauen Sie sich Gruppen wie das Druid Forum, Druid's Worldwide Grove, Druid Circle, Druid oder Irish Druids an. Sie können eine großartige Quelle der Unterstützung sein und Ihnen ein kreatives Ventil bieten, in dem Sie Ihre Gedanken oder Projekte teilen können.

Als ich zum Beispiel kürzlich einen Nationalgarten besuchte, sah ich, dass dort riesige Traumfänger in den Bäumen hingen. Mein Partner und ich haben einen für unseren Garten gemacht - das war ein Projekt, das viel länger als fünf Minuten gedauert hat! - aber ich habe ein Foto davon gemacht und es mit einer Druidengruppe geteilt. Das Teilen dauert nur wenige Sekunden und deine Kreativität könnte die eines anderen anregen. Es ist eine Möglichkeit, die bardischen Aktivitäten anderer Leute zu sehen und andere Wege, durch die sich ihr Druidentum manifestiert, und im Gegenzug können Sie Feedback zu Ihren eigenen erhalten.

Ich würde auch vorschlagen, dass Sie kurz überprüfen, wem und was Sie folgen. Wenn Sie, wie ich, diese Liste über Jahre hinweg aufgebaut haben, wird das einige Zeit in Anspruch nehmen - mehr als fünf Minuten -, aber wenn das erledigt ist, haben Sie eine Entrümpelung hinter sich und können dann Menschen und Seiten folgen, die Sie ansprechen.

- Lieben Sie Bäume? Folgen Sie Britain's Ancient and Sacred Trees auf Facebook.
- Interessieren Sie sich für Veganismus? Versuchen Sie @rVeganLobby auf Twitter.
- Sie lieben lustige Podcasts? Folgen Sie shoveitupyourawen auf Instagram.
- Möchten Sie Ihre Projekte mit anderen teilen? Werden Sie Mitglied der OBOD-Künstlergemeinschaft auf Facebook.
- Möchten Sie mehr mit Gleichgesinnten in Verbindung kommen? Folgen Sie @PagansInTouch auf Twitter.
- Sie möchten sich inspirieren lassen? Folgen Sie druidsgardenart auf Instagram.
- Lieben Sie Folklore? Schauen Sie sich Folklore, Bräuche,

Legenden und Mythologie auf Facebook an.
- Möchten Sie einfach ein bisschen ins Druidentum eintauchen? Folgen Sie @ druidscauldron auf Twitter.
- Brauchen Sie mehr Bücher zum Lesen? Folgen Sie moonbooksjhp auf Instagram.

Es gibt so viele Gruppen, Menschen und Organisationen da draußen. Schauen Sie sich um und suchen Sie sich die aus, die Sie ansprechen und mit denen Sie sich beschäftigen wollen. Von keltischen Gottheiten bis hin zur Ogham-Wahrsagung gibt es Seiten und Gruppen, die Sie sich ansehen sollten, damit Sie Ihre Zeit besser nutzen können, wenn Sie soziale Medien nutzen.

Der Schlüssel dazu ist, nicht Stunden damit zuzubringen. Und wenn Sie diese fünf Minuten übrig haben, können Sie sich mit sozialen Medien beschäftigen, die Sie an Elemente des Druidentums erinnern und eine Idee für Ihre eigene Praxis hervorbringen könnten oder Ihr Austausch könnte jemand anderem helfen.

Es gibt auch Messageboards, Foren oder Discords, wenn Sie Mitglied einer bestimmten Organisation sind. Ein "Like", ein unterstützender Kommentar oder eine kurze Nachricht können Ihnen das Gefühl geben, Teil der Druiden-Gemeinschaft zu sein.

Anwendungen auf Ihrem Smartphone sind eine großartige Möglichkeit, sich schnell und mühelos einzubringen. Auf den meisten Geräten ist eine Notizen-App vorinstalliert, so dass man einfach ein paar Zeilen einfügen kann, um sich daran zu erinnern, dass man etwas zu einem späteren Zeitpunkt nachschlagen möchte. Oder man kann eine spezielle App wie Notepad, Evernote oder Simplenote herunterladen. Es kann sich um einen Song handeln, den Sie herunterladen möchten, eine Zeile eines Gedichts, an dem Sie gerade arbeiten, oder ein Buch, das Sie kaufen möchten. Ich habe immer eine Liste mit kreativen Ideen dabei, sobald ich die Gelegenheit dazu habe, mich auf ein Projekt zu konzentrieren. Wenn mir also etwas einfällt, das ich ausprobieren möchte, z. B. eine Göttin aus Ton, eine Gartenskulptur oder Entwürfe für Orakelkarten, schreibe ich es auf. Vielleicht komme ich nie bis zum Ende der Liste, aber hey, die Ideen sind ja da!

Wie ich bereits im Kapitel über Wahrnehmung erwähnt habe, gibt es auch praktische Apps, die Ihnen in Sekundenschnelle helfen, Bäume und Pflanzen zu identifizieren, denen Sie begegnen. Google Lens ist eine kostenlose App, die - wenn Sie ein Foto gemacht haben - das Internet nach einer Übereinstimmung durchsucht. Ich finde zwar, dass die App bei der Unterscheidung von Pflanzen- und Insektenarten einige Schwierigkeiten hat, da sie sich hauptsächlich auf US-amerikanische Websites stützt, aber sie kann praktisch sein, wenn man unterwegs ist und eine Vorstellung davon hat, was man gerade betrachtet. Es gibt auch einige kostenlose Bestimmungs-Apps zum Ausprobieren:

- British Tree Identification by Woodland Trust (Baumidentifizierung)
- Deciduous Trees 2.0 Lite ist eine kostenlose Version von Deciduous Trees und eine Baumidentifizierungs-App mit Schwerpunkt auf Nadelbäumen
- Identitree Starter Kit ist eine benutzerfreundliche App zur Identifizierung von Bäumen, indem Sie Ihnen Fragen zu den Ästen, Zweigen und Blättern stellt
- PlantNet, iNaturalist and PlantSnap dienen zur Identifizierung von Pflanzen
- eBird, Merlin Bird ID and Raptor ID dienen zur Identifizierung von Vögeln
- Song Sleuth dient zur Identifizierung von Vogelstimmen

- Herbs Guide (ein Kräuterführer)

Dies ist nur eine kleine Auswahl an Naturbestimmungsprogrammen. Es gibt auch Apps, die alles von Pilzen und Käfern bis hin zu Sternen und Sternbildern identifizieren können.

Anspruchsvollere Versionen gibt es bei Google Play oder im Apple Store zu kaufen, aber ich habe festgestellt, dass viele der kostenlosen Apps völlig ausreichend sind, es ist nur eine Frage von Versuch und Irrtum, um die für Sie am besten Geeignete zu finden, die noch dazu einfach zu bedienen ist. Und wenn sie einmal auf Ihrem Smartphone installiert ist, dauert es weniger als fünf Minuten, bis Sie etwas gefunden haben, das Sie identifizieren können.

Diese Anwendungen sind vielfältig und unterschiedlich, aber es gibt noch ein paar weitere, die ich wirklich nützlich, schnell und einfach zu bedienen gefunden habe und die mir auf meinem Weg geholfen haben. Eine davon ist eine Sprach-App, von der Sie wahrscheinlich schon gehört haben, nämlich Duolingo, mit der man über 40 Sprachen lernen kann. In der Vergangenheit habe ich sie benutzt, um mein Französisch aufzufrischen und ein wenig Latein zu lernen, aber jetzt benutze ich sie, um Walisisch zu lernen, nachdem ich viele walisische Geschichten und Legenden studiert habe und mir wünschte, ich könnte sie in ihrer Originalfassung lesen.

Weitere Apps zum Erlernen der walisischen Sprache sind:

- Learn Welsh. Speak Welsh. Study Welsh.
- Say Something in Welsh

Und daneben gibt es Walisisch-Englisch-Übersetzer und Wörterbücher, die kostenlos zur Verfügung stehen. Das sind Apps, in die man einfach für ein paar Minuten eintauchen kann. Ich finde, dass Duolingo einen dazu ermutigt, jeden Tag zu üben, so dass ich nach dem Frühstück fünf Minuten lang ein paar Übungen mache und dann für den Rest des Tages herumlaufe und Sätze wiederhole!

Die andere Art von Apps, die ich interessant finde, sind Wahrsage-Apps und insbesondere das Tarot. Ein Unternehmen namens The Fool's Dog hat eine ganze Reihe von Apps im Angebot, darunter DruidCraft, Wildwood Tarot und Druid Oracle Cards. Sie kosten zwar etwas, aber ich habe noch nie mehr als 5 Pfund für eine dieser Apps bezahlt. Es gibt auch kostenlose Tarot-Apps von anderen Entwicklern.

Und es gibt viele andere Arten von Wahrsage-Apps wie:

- Oghamantis
- Runic divination
- Lenormand Tarot
- Galaxy Runes

Ich weiß, dass viele Leute denken, dass man mit einer Anwendung für Smartphones nicht richtig wahrsagen oder eine genaue Deutung erhalten kann und es gibt definitiv so Einiges über die Verwendung traditioneller Methoden zu sagen, aber wir reden hier über eine schnelle, fünfminütige Aktion, um Ihren Druidenweg zu unterstützen. Die Apps, die ich benutze, haben eine ganze Reihe von Legesystemen, aber sie haben auch eine "Karte von Heute". Damit erhält man ein Bild aus einem beliebten Deck wie den Druid Oracle-Karten und seine Bedeutung, die man in weniger als fünf Minuten lesen kann, über die man aber den ganzen Tag nachdenken kann.

Weitere interessante Apps beinhalten die Mondphasen, das Rad des Jahres, den heidnischen Kalender, die Identifizierung von Kristallen, Meditation und, ob Sie es glauben oder nicht, es gibt auch eine App für Kerzen, so dass Sie, wenn Sie eine Kerze für ein

Ritual benötigen sollte, eine virtuelle Kerze beobachten können!

Kapitel 12

Kreative Projekte in 5 Minuten

In diesem Kapitel werden wir uns schnelle, kreative Fünf-Minuten-Projekte ansehen, die Ihre bardischen und kreativen Fähigkeiten anregen und Sie für Inspiration öffnen werden. Erinnern Sie sich an das Sprichwort, dass Sie zehn verschiedene Antworten bekommen, wenn Sie fünf Druiden fragen, was Druidentum eigentlich bedeutet? Nun, mit Kunst und Handwerk ist es ähnlich. Geben Sie fünf Druiden ein kreatives Medium und Sie werden zehn verschiedene Ideen für kreative Projekte erhalten! Ich habe vor kurzem einen Glasbläserwettbewerb gesehen, bei dem zehn Künstler ein Thema vorgegeben bekamen und zehn verschiedene Werke schufen. Das Thema wurde auf zehn verschiedene Arten interpretiert, denn jeder Künstler hat seinen eigenen Hintergrund, seine eigenen Überzeugungen, Vorlieben und Abneigungen, die seine Arbeit beeinflussen. Manchmal braucht man nur diesen kleinen Funken, dieses Geschenk von awen, das einen dazu inspiriert, etwas Einzigartiges zu schaffen.

Viele von uns denken, es sei sinnlos oder kindisch, mit Ton zu spielen, ein Bild zu malen oder Puppen zu basteln, aber, wenn man einfach etwas Neues ausprobiert, macht man sich awen zu Nutzen und wird kreativ. Es spielt keine Rolle, ob es gut oder schlecht ist - niemand sieht zu, es sei denn, man möchte das Ergebnis mit anderen teilen - und wenn man sich auf neue Techniken und neue Erfahrungen einlässt, kann das zu größeren und besseren Dingen führen. Wir unterdrücken als Erwachsene, was wir als Kinder so leicht getan haben und wir sollten unsere Kreativität zurückgewinnen, loslassen und im Moment sein, der Inspiration Raum geben, zu fließen.

Als ich nach meinem Unfall im Bett lag, habe ich mir viele verschiedene Bausätze bestellt, um mich in meinen besseren Momenten zu etwas zu inspirieren. Einige davon waren etwas anspruchsvoller, wie z. B. Diorama-Bausätze, Linolschnitt und Schmuckherstellung, aber man muss nicht viel Geld ausgeben oder sich für etwas sehr Kompliziertes entscheiden. Ich habe einige wirklich schnelle, billige und einfache Bausätze in den Spielzeugabteilungen von Supermärkten gefunden, von der Herstellung von Insektenhotels bis hin zu Vogelkästen, die man einfach zusammenklickt und bemalt.

Ton ist nicht teuer und wenn man das lufttrocknende Material kauft, kann man ein Projekt in zwei Phasen aufteilen - Herstellung und Bemalung. Natürlich kann man komplizierte Projekte machen, aber man kann in fünf Minuten auch sehr einfache Dinge herstellen, wie eine Opferschale oder einen Räucherstäbchenhalter. Wenn Sie einen geweihten Bereich haben - drinnen oder draußen - könnten Sie versuchen, kleine Schalen mit einfachem Muster anzufertigen. Lassen Sie sie normalerweise 24-72 Stunden lang trocknen und bemalen Sie sie dann. Wenn sie draußen oder für Flüssigkeiten verwendet werden sollen, lackieren Sie sie zusätzlich. In diese Schalen kann man Samen, Getreide oder Blumen legen, wenn man eine Gottheit ehrt.

Eine Variante, die man zusammen mit Kindern durchführen kann, sind Steckpuppen oder in meinem örtlichen Supermarkt gibt es Holzfiguren auf Stäben. Man braucht nur fünf Minuten, um sie mit Stiften, Aufklebern oder aufklebbaren Schmuckstücken zu verzieren, aber man könnte auch Stoff und Gewebe verwenden, wenn man mehr Zeit haben sollte. Sie eignen sich hervorragend als Requisiten für Geschichten und helfen dabei, die Nacherzählung eines Mythos oder einer Legende zu beleben.

Kieselrunen sind so einfach zu machen! Überlegen Sie sich, welches Runenalphabet Sie verwenden möchten, sammeln Sie Kieselsteine am Strand oder Steine auf einem Weg und zeichnen Sie die Symbole mit Farbstiften oder Markern auf. Hey, presto! In fünf Minuten haben Sie Ihr eigenes Runen-Set zur Weissagung hergestellt. Sie können auf diese Weise auch Ihre eigenen Ogham-Stäbe herstellen, indem Sie das Baumalphabet auf 25 kleine Stäbchen malen. Wählen Sie die Stäbchen so aus, dass sie alle eine ähnliche Länge haben oder entsprechend zurechtgeschnitten sind (Sie können auch alte Dübel verwenden, die Sie in Sektionen unterteilen). Wenn Sie mehr Zeit haben, können Sie die Buchstaben des Alphabets auf die Stöcke ritzen oder brennen, aber wenn nicht, reicht auch ein schwarzer Marker oder ein Farbstift.

Auch Kieselsteine oder glatte runde Steine können bemalt werden, um sie als Freundschaftsgeschenke mitzubringen. Farbstifte eignen sich hierfür hervorragend, aber um sie haltbar zu machen, sollte man sie mit Lack überziehen. Das Kindness Rocks Project wurde 2015 von Megan Murphy ins Leben gerufen, die "You've got this" auf einen Stein schrieb und ihn an einem Strand in Cape Cod hinterließ. Seitdem gibt es viele verschiedene positive Kieselprojekte, aber die Hauptidee ist, eine inspirierende Botschaft auf einen Kiesel zu malen oder zu schreiben und ihn irgendwo zu hinterlassen, damit ihn jemand anderes findet.

Die Fotografie ist so einfach geworden, wenn man sein Handy dafür benutzt. Natürlich können Sie die beste Ausrüstung benutzen, wenn Sie möchten, aber so dauert es nur Sekunden, einen beeindruckenden Baum, eine schöne Blume oder eine interessante Landschaft zu fotografieren. Sie können sie auf Ihrem Handy speichern und als Desktop-Hintergrund verwenden, um sich an die Wunder, die Sie gesehen haben, zu erinnern. Sie können Ihre Bilder auch in Facebook-Druidengruppen teilen, wenn Sie denken, dass andere Gleichgesinnte daran interessiert sein könnten.

Hier haben wir eine weitere Aktivität für Draußen - Kunst in der

Natur! Neulich fand ich bei einem Urlaub in unserer Unterkunft einen Bildband über Kunst in der Natur und die Ideen dort waren so einfach. Wie die Kieselsteine, die man für andere hinterlässt, sind diese schnell und einfach auf einem Spaziergang gebastelt und Sie hinterlassen etwas, über das andere stolpern und sich wundern können. Das kann etwas so Einfaches sein, wie auf einem Weg ein Muster aus mit herabgefallenen Blättern zu legen, eine Pyramide aus Stöcken zu bauen, ein Muster in den Sand zu ritzen oder Kieselsteine zu verwenden, um eine Spirale oder ein anderes Muster zu schaffen. Wenn Sie das nächste Mal unterwegs sind, schauen Sie sich um, welches Material um Sie herum zu finden ist und schaffen Sie etwas, das die Leute verblüfft und amüsiert. Haben Sie jemals Botschaften im Sand gesehen, wenn Sie am Strand spazieren gegangen sind und sich gefragt, wer sie dort wohl angebracht haben mag, obwohl er wusste, dass sie nicht von Dauer sein werden? Das ist das Gleiche. Sie schaffen eine temporäre Kunstinstallation, die den Menschen begegnet und vielleicht sogar ihren Tag erhellt.

Um mehr Vögel in Ihren Garten zu locken, wie wäre es mit einem schnellen und einfach herzustellenden Vogelhaus? Sammeln In der richtigen Jahreszeit Tannenzapfen. Befestigen Sie eine Schnur an einem Ende und füllen Sie sie mit Vogelfutter. Oder wenn Sie das nächste Mal eine Orange essen, schneiden Sie das Fruchtfleisch aus der einen Hälfte heraus und füllen Sie die Schale mit Samen. Eine quick-and-dirty-Methode ist, alte Toilettenpapierrollen mit Erdnussbutter zu bestreichen und dann in Vogelfutter zu wälzen. Sie können sie danach an einen Ast im Garten hängen.

Wenn Sie Gemüse oder Kräuter im Freien oder in Töpfen pflanzen, können Sie mit Farbstiften auf einen Holzlöffel oder einen Kieselstein schreiben, welche Samen Sie gesät haben, oder Sie können einige Kieselsteine dekorieren, die Sie in Ihren Garten legen können, indem Sie eine Spirale oder ein anderes Muster formen. Sie könnten jeden Tag oder einmal pro Woche einen Kieselstein verzieren und so nach und nach eine Sammlung für den Außenbereich aufbauen.

Wenn Sie nicht so leicht nach draußen kommen können, wie wäre es mit ein paar Basteleien, um das Draußen nach drinnen zu bringen? Papierblumen oder Origami-Blumen lassen sich leicht herstellen und zur Verzierung Ihres geweihten Raums verwenden. Malen Sie einige Tannenzapfen in verschiedenen Farben an und kleben Sie Zweige an die Unterseite, damit sie wie Blumen aussehen. In einer Vase aufgestellt, verschönern sie jeden Raum. Basteln Sie aus Pappe einen 3D-Baum und schmücken Sie jeden Zweig mit bunten Blättern. Verwenden Sie Samen oder getrocknete Hülsenfrüchte aus dem Schrank, um ein Mosaik-Naturbild zu gestalten (mit Pappe und Kleber), oder kreieren Sie ein Runen- oder Ogham-Symbol aus diesen natürlichen Materialien, um Ihren geweihten Bereich zu verschönern.

Ausmalen mag wie eine kindliche Beschäftigung erscheinen, aber schauen Sie sich nur an, wie beliebt Malbücher für Erwachsene heutzutage sind. Es ist eine völlig entspannende Tätigkeit, und Sie können jedes beliebige Medium verwenden, von Bleistiften und Kugelschreibern bis hin zu Farben und Pastellkreiden. In jeder Buchhandlung oder in Kunsthandwerksläden finden Sie Malbücher. Ich male auch gerne Karten aus und arbeite gerade an einem Set von Mandala-Karten. Diese können aufgeklebt und als Geburtstagskarten verwendet oder an die Wand gepinnt werden, um einen langweiligen Raum zu verschönern.

Haben Sie als Kind schon einmal wahllos Linien und Wirbel auf ein Blatt Papier gekritzelt und sie dann ausgemalt? Für Erwachsene gibt es eine meditative Methode namens Zentangling, die von Rick Roberts und Maria Thomas entwickelt wurde. Man nimmt ein Stück Pappe, setzt einen Punkt in jede Ecke und verbindet sie zu einem Rahmen. Dann zieht man eine Linie zwischen zwei gegenüberliegenden Punkten - gerade oder geschwungen, wie man will - um die Karte zu unterteilen. In jeden Abschnitt kritzeln Sie dann ein Muster. Die Muster können so einfach oder kompliziert sein, wie Sie möchten. Weitere Ideen finden Sie unter www.zentangle.com

Einige dieser Vorschläge mögen Ihnen vielleicht sinnlos oder kindisch vorkommen, aber wenn Sie Schwierigkeiten haben, eine Verbindung herzustellen dann können Sie mitunter durch die Arbeit an einem einfachen und leichten Bastelprojekt einfach nur sein und in diesem ruhigen Sein für sich für eine Welt voller zukünftiger Möglichkeiten öffnen.

Epilog

Ich hoffe, dass Sie einige dieser Ideen inspirieren und Sie auf Ihrem druidischen Weg unterstützen können. An manchen Tagen werden wir alle Zeit der Welt haben, um über unsere Spiritualität nachzudenken, aber an anderen Tagen werden wir davon abgehalten, auch nur daran zu denken.

Aber wenn Sie wie ich das Bedürfnis haben, etwas zu tun, um Ihre Verbindung zu erleichtern, dann hoffe ich, dass dieses Buch Ihnen einige Anregungen gegeben hat. Von der Verbindung zu Bäumen bis hin zu kreativen Projekten und mehr gibt es viele Möglichkeiten, das Druidentum in Ihren Alltag einzubinden.

Einige dieser Ziele können schnell erreicht werden, andere können sich mit der Zeit entwickeln, wenn man ihnen mehr Aufmerksamkeit schenken kann. Es gibt so viele Aspekte des Druidentums, dass selbst das Eintauchen in ein Buch wie dieses Ihnen neue Wege aufzeigen kann, denen Sie folgen können und mehr über neue Interessen können.

Ich wünsche Ihnen alles Gute auf Ihrer Reise!

Weitere Lektüre

A Book of Pagan Prayer von Ceisiwr Serith
A Brief History of The Druids von Peter Berresford Ellis
A Druid's Herbal von Ellen Evert Hopman
A Druid's Herbal of Sacred Tree Medicine von Ellen Evert Hopman
A Treasury of Irish Myth, Legend, and Folklore von W.B. Yeats und Lady Gregory
A World Full of Gods von John Michael Greer
Ancient Irish Tales, herausgegeben von Cross & Slover
Blood and Mistletoe von Ronald Hutton
Celtic Gods, Celtic Goddesses von R.J. Stewart
Celtic Mythology von Prionsias Mac Cana
Celtic Myths and Legends von Peter Berresford Ellis
Celtic Tree Mysteries von Steve Blamires
Dictionary of Celtic Myth and Legend von Miranda J. Green
Druid Magic: The Practice of Celtic Wisdom von Maya Magee Sutton & Nicholas Mann
Druid Mysteries: Ancient Wisdom for the 21st Century von Philip Carr-Gomm
Druidcraft: The Magic Of Wicca & Druidry von Philip Carr-Gomm
Druidry and Meditation von Nimue Brown
Druids, Gods and Heroes from Celtic Mythology von Anne Ross
Druids: A Very Short Introduction von Barry Cunliffe
Early Irish Myths and Sagas translated von Jeffrey Gantz
Exploring the World of the Druids von Miranda Aldhouse-Green
From the Cauldron Born: Exploring the Magic of Welsh Legend & Lore von *Kristoffer Hughes*

Her Sacred Britannia: The Gods and Rituals of Roman Britain von Miranda Aldhouse Green
How to Charm a Dryad von Penny Billington
Irish Fairy & Folk Tales von *W.B. Yeats*
Ogham: Weaving Word Wisdom von Erynn Rowan Laurie
Pagan Celtic Britain von Anne Ross
Sacred Fire, Holy Well: A Druid's Grimoire von Ian Corrigan
The Ancient Celts von Barry Cunliffe
The Awen Alone von Joanna van der Hoeven
The Bardic Source Book edited von John Matthews
The Book of Celtic Magic von Kristoffer Hughes
The Book of Druidry von Ross Nichols
The Celtic Seers Source Book: Vision and Magic in the Druid Tradition von John Matthews (Hrsg.)
The Complete Idiot's Guide to Paganism von Carl McColman
The Druid Magic Handbook: Ritual Magic Rooted in the Living Earth von John Michael Greer
The Druid Renaissance von Phillip Carr-Gomm
The Druid Revival Reader von John Michael Greer
The Druid Way von Philip Carr-Gomm
The Druidry Handbook von John Michael Greer
The Druids von Peter Berresford Ellis
The Druids von Ronald Hutton
The Druids von Stuart Piggot
The Encyclopedia of Celtic Wisdom von John and Caitlin Matthews
The Mabinogion übersetzt von Sioned Davies (Übersetzung von Patrick Ford wird ebenso empfohlen)
The Mist-Filled Path: Celtic Wisdom for Exiles, Wanderers, and Seekers von Frank MacEowen
The Mysteries of Druidry: Celtic Mysticism, Theory & Practice by Brendan Cathbad Myers
The Pagan Portal series
The Pagan Religions of the Ancient British Isles: Their Nature and Legacy von Ronald Hutton

The Path of Druidry: Walking the Ancient Green Way von Penny
    Billington
The Solitary Druid: A Practitioner's Guide von Robert Lee Ellison
The Táin: From the Irish epic Táin Bó Cúailnge übersetzt von
    Thomas Kinsella
The Tree of Enchantment von Orion Foxwood
The Triumph of the Moon von Ronald Hutton
The World of the Druids von Miranda Green
What Do Druids Believe? von Philip Carr-Gomm
Where the Hawthorn Grows: An American Druid's Reflections von
Morgan Daimler
Witches, Druids, and King Arthur von Ronald Hutton

Internet-Ressourcen

Orden

Anglesey Druidenorden - Urdd Derwyddon Môn:
www.angleseydruidorder.co.uk
AODA – Ancient Order of Druids in America: www.aoda.org
Avalon Druid Order: https://www.avalondruidorder.org
Black Mountain Druid Order: www.blackmountaindruidorder.com
British Druid Order: www.druidry.co.uk
Druidry US – A place for United States OBOD members: www.dru-
idryus.org
Irish Druid Network: www.irishdruidnetwork.org
Little Druid on the Prairie: www.prairiedruid.com
Order of Bards, Ovates and Druids: www.druidry.org
The Druid Network: www.druidnetwork.org
The Druid Order: http://thedruidorder.org
The Green Mountain Druid Order:
www.greenmountaindruidorder.org

Kurse

Order of Bards, Ovates and Druids:
www.druidry.org/our-courses/train-in-druidry
The British Druid Order: www.druidry.co.uk/courses
Grove of Anu: www.groveofanu.com/druid-course-introduction-
to-the-tradition-of-druidism
Anglesey Druid Order: www.angleseydruidorder.co.uk/courses
AODA:www.aoda.org/aoda-membership/curriculum-require-
ments

Isle of Wight order of Druids:
www.wightorderdruids.com/druid-of-the-birch-grove-course-1
Druid Forest School: https://druidforestschool.com/courses

Andere
Triads: https://www.gutenberg.org/files/31672/31672-h/31672-h.htm.
Tarot: https://www.emeraldlotusdivination.com/tarotspreadcollection
Womenrunes: https://brigidsgrove.com/womanrunes/
Rune Converter: https://www.vikingrune.com/rune-converter/
Honouring Deity: https://www.learnreligions.com/appropriate-worship-honoring-the-gods-2561946
The Eightfold Wheel of the Year: https://druidry.org/druid-way/teaching-and-practice/druid-festivals/the-eightfold-wheel-of-the-year